映画のメリーゴーラウンド

川本三郎

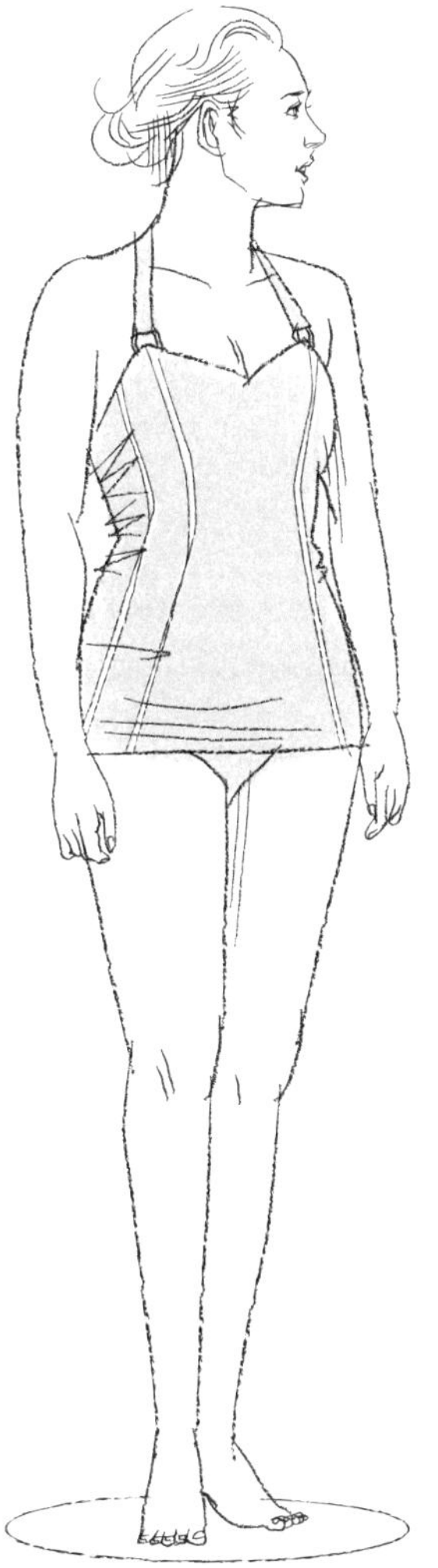

文藝春秋

目次

映画のメリーゴーラウンド

第1周

ウディ・アレンの新作から…ジョン・フォードにつながりました。

ウディ・アレンは、クリント・イーストウッドと同じように八十歳を過ぎても現役で、毎年のように新作を発表している。敬服する。

二〇一八年公開の『女と男の観覧車』は、一九五〇年代、ニューヨークのブルックリン地区の大西洋に面した大遊園地、コニー・アイランドを舞台にしている。ケイト・ウィンスレット演じる主人公は園内のレストランでウエイトレスをしているという設定。

コニー・アイランドは、十九世紀初頭からニューヨーク市民の海水浴場となり、それが次第に、遊園地として発展していった。

ローラー・コースター（ちなみにジェット・コースターは和製英語）と大観覧車が人気を呼んだ。『女と男の観覧車』の原題は“Wonder Wheel”。この大観覧車のこと。

コニー・アイランドは映画の草創期から、数多くのサイレント映画のロケ地となった。マック・セネットのキーストン社の有名な『水着美人』シリーズはここで撮影されている。

ウディ・アレンはニューヨーク生まれ。子供時代、ブルックリンで育ち、コニー・アイランドに愛着を持っていた。『アニー・ホール』（77年）では、ウディ・アレン自身演じる主人公の子供時代、コニー・アイランドの大きなサイクロン・ローラー・コースターの下に自分の家があるという設定だった。

私などの世代がコニー・アイランドを知るのは、黒人問題を扱ったメロドラマ『悲しみは空の彼方に』（59年）によって。

冒頭、ラナ・ターナー演じるヒロインが、小さな娘を連れてコニー・アイランドに遊びに行く。時代設定は一九四七年。この遊園地が輝いていた頃で、浜辺はすごい人。おかげで娘が迷子になってしまう。海から浜辺をとらえる場面には、大観覧車とローラー・コースターがはっきりと、とらえられている。
『悲しみは空の彼方に』の監督はドイツ映画界出身で、ナチスを嫌い、アメリカに渡って活躍したダグラス・サーク。近年、高く評価されている監督で、『シェイプ・オブ・ウォーター』で二〇一八年のアカデミー賞監督賞を受賞したギレルモ・デル・トロは受賞スピーチで、影響を受けた監督として、ウィリアム・ワイラー、フランク・キャプラ、そして、ダグラス・サークの名を挙げた。

コニー・アイランドの名物のひとつにホットドッグがある。大きなソーセージをザワークラウトと共にパンに挟む。これが人気になったために、"Coney Island"と言えば、ホットドッグを指すようになった。

ピーター・ボグダノヴィチ監督の『ペーパー・ムーン』(73年)にこの言葉が出てくる。
一九三〇年代、大恐慌下のアメリカ中西部を詐欺師のライアン・オニールが旅する。途中、カンザス州の小さな町で、みなし子となった九歳の女の子、テータム・オニールをやむなくミズーリ州の親戚の家へ届けることになる。
汽車を待つあいだ町の食堂に連れて行く。この時、ライアン・オニールは「コニー・アイランドを食べよう」と言う。ホットドッグのこと。ニューヨークの遊園地の名物が、中西部まで知れ渡っていたことになる。

二人が入った食堂の向かいには映画館がある。上映している映画は、ジョン・フォード監督、ウイル・ロジャース主演の『周遊する蒸気船』(35年)。

ボグダノヴィチはジョン・フォードを敬愛した。監督になる前の批評家時代には、ジョン・フォードにインタヴューしている。

これは日本で翻訳された。『インタビュー　ジョン・フォード』(九藝出版、一九七八年)。訳者は西部劇を愛した亡き高橋千尋さん。

このなかでフォードは言っている。

「モノクロームこそ、本当のフォトグラフィだよ」。

これに倣って『ペーパー・ムーン』はモノクローム(白黒)で作られ、それが成功している。撮影はハンガリー出身のラズロ・コヴァックス(ハンガリー動乱のあとアメリカに渡った)。

(2018・6・29＝初出掲載日、以下同)

第2周

ジョン・フォードの『怒りの葡萄』から……
シアーシャ・ローナンの水着につながりました。

ピーター・ボグダノヴィチ監督の『ペーパー・ムーン』（73年）は、ジョン・フォードの影響を強く受けている。とくに、フォードの一九四〇年の作品、スタインベック原作の『怒りの葡萄』（原作は一九三九年に出版）。

大恐慌下、オクラホマ州の貧しい農民一家が、農地を追われ、新天地カリフォルニアへと旅する。小さな車に何人もの家族が乗り、家具を積み込み、国道六十六号線（ルート66）を走る。当時、こうした農民が多くいた。

『ペーパー・ムーン』は『怒りの葡萄』と同時代の物語。だから、ライアン・オニールとテイタム・オニールの乗った車は、途中で、彼らカリフォルニアに向かう農民たちの車とすれ違う。ボグダノヴィチは明らかにジョン・フォードの『怒りの葡萄』を意識している。

いまもっとも輝いているアメリカの若手女優はシアーシャ・ローナンではないか。一九九四年生まれ。十三歳の時に出演した『つぐない』（07年、ジョー・ライト監督）でアカデミー賞の助演女優賞にノミネートされた。

二〇一八年に公開された『レディ・バード』（17年、グレタ・ガーウィグ監督）では成長してカリフォルニアの女学生。高校を卒業したらニューヨークに出たいと夢見ている。

この『レディ・バード』の冒頭に『怒りの葡萄』が出てくる。シアーシャ・ローナン演じる女学生が、母親のローリー・メトカーフの運転する車に乗っている。

母親は車のなかでスタインベックの『怒りの葡萄』の朗読テープを聴いている。母親は年齢からいって六〇年代から七〇年代に青春時代を送っている。当然、カウンター・カルチャーの洗礼を受けているだろう。

スタインベックの『怒りの葡萄』は、早くにアメリカの夢の終わりを描いた小説としてカウンター・カルチャーの時代に読まれた。『レディ・バード』で母親が車のなかで『怒りの葡萄』のテープを聴くのは青春時代の思い出を辿っているのだろう。

シアーシャ・ローナンは『つぐない』で、無垢であるがゆえに、心ない嘘で大人を傷つけてしまう十三歳の少女を演じ、脚光を浴びた。どこかはかなく、妖精のような繊細さがある。

ニューヨーク生まれだが、アイリッシュ系。少女時代をアイルランドで過している。『つぐない』に続く『ブルックリン』(15年、ジョン・クローリー監督）では、アイルランドの小さな町から一人でニューヨークに出て来て、デパートで働きながら夜学で簿記を勉強するけなげな女性を演じ、アカデミー賞の主演女優賞にノミネートされた。

物語の時代設定は、一九五〇年代のはじめ。

二十歳前後の女の子が、一人でアイルランドの田舎町から大都会に出てくる。当然、心細くなる。ホームシックになってしまう。そんな時、いたって気のいい若者（エモリー・コーエン）と知り合う。イタリア系で配管工の仕事をしている。家族とにぎやかに暮している。同じブルックリンに住む二人は、やがて愛し合うようになる。

ある日曜日、二人はデートをする。行き先は、ウディ・アレンの『女と男の観覧車』に登場したコニー・アイランド。海水浴場があり、遊園地がある。ニューヨークの庶民の憩いの場だったことは、若く貧しい二人が遊びに行っていることからも分かる。

五〇年代はコニー・アイランドの最盛期。浜辺には人があふれている。シアーシャ・ローナン演じる女の子は、ここではじめて水着姿になる。五〇年代だから無論、ビキニではなく大人しいワンピース水着。色が緑なのは、アイリッシュだからだろう（緑はアイルランドのシンボル・カラー）。

浜辺の恋人たちを遠くの大観覧車（Wonder Wheel）が祝福している。

『ブルックリン』の原作者は、アイルランド出身でアメリカで活躍するコルム・トビーン。二〇二〇年に公開されたドキュメンタリー『トルーマン・カポーティ　真実のテープ』（19年、イーブス・バーノー監督）では、作家としてカポーティについて語っている。

（2018・7・10）

第3周

シアーシャ・ローナンの話から…ケヴィン・コスナーの『フィールド・オブ・ドリームス』につながりました。

カリフォルニアのサクラメントに住む女学生を演じるシアーシャ・ローナンが可愛い『レディ・バード』（17年、グレタ・ガーウィグ監督）の冒頭にこんな文章が出る。

「カリフォルニアの快楽主義を語る人は、サクラメントのクリスマスを知らない」

『レディ・バード』の舞台となったサクラメントはカリフォルニア州の州都だが、ロサンゼルスやサンフランシスコのような大都市に比べればいたって地味な町。そこではいまだ昔ながらに家族でクリスマスが祝われている。保守的かもしれないが、そこには小市民の健全な暮しがあるといっている。

監督のグレタ・ガーウィグはサクラメントの出身。『レディ・バード』は、監督（一九八三年生まれ）の故郷への愛情にあふれている。冒頭の文章は、同じサクラメント出身の作家ジョーン・ディディオンのもの。グレタ・ガーウィグが敬愛する作家だという。

ジョーン・ディディオンは六〇年代後半のカウンター・カルチャーの時代、そして女性の時代に華々しく登場したニュー・ジャーナリズムの作家で、映画ファンには若き日のアル・パチーノが主演した『哀しみの街かど』（71年、ジェリー・シャッツバーグ監督）とバーブラ・ストライサンド主演の『スター誕生』（76年、フランク・ピアソン監督）の脚本を、夫のジョン・グレゴリー・ダンと共に書いたことで知られる。

ロバート・ベントン監督の『クレイマー、クレイマー』（79年）は御存知のように夫婦別れの物語。キャリアウーマンを目指すメリル・ストリープが夫のダスティン・ホフマンと、七歳の男の子、ジャスティン・ヘンリーと別れ、家を出てしまう。

残された夫のダスティン・ホフマンが、ある日、妻の本箱を整理する。そこにある本は、ナンシー・ミルフォードの『ゼルダ』と、ヘイデン・エレーラの『フリーダ・カーロ』、そしてジョーン・ディディオンの『ベツレヘムに向け、身を屈め』。

いかにも七〇年代の新しい女性らしい本の選択。こうした本を読んで、メリル・ストリープは「自立する女性」を目指したのだろう。


夫婦別れしたり、同棲を解消したりするカップルには、本をどう整理するかが悩みの種。

『アニー・ホール』(77年)では、ウディ・アレンとダイアン・キートンが別れることになり、ウディ・アレンが本を整理する。

J・D・サリンジャーの『ライ麦畑でつかまえて』を手にし、「この本はどっちのものだっけ」。

「私のサインがあれば私のよ」としっかりしているダイアン・キートンに思わずウディ・アレンが皮肉を言う。

「初めから別れるつもりで自分の本にサインをしていたんだな」


『ライ麦畑でつかまえて』は映画のなかにはよく登場するが、もっとも早い例は、ジョン・ファウルズ原作、ウィリアム・ワイラー監督の『コレクター』(65年)だろう。

蝶を集めることが好きな内気な青年、テレンス・スタンプが、女性を集めることを思いつく。美術学校に通う女学生、サマンサ・エッガーを誘拐し、地下室に閉じ込める。

この女学生が読んでいるのが『ライ麦畑でつかまえて』。大好きな小説で三度は読んだと言っている。コレクターにキャッチされた女性がキャッチャー・イン・ザ・ライを読んでいたとは悲しい皮肉。

スタンリー・キューブリック監督の『シャイニング』（80年）ではジャック・ニコルソンの奥さん、シェリー・デュバルが冬のホテルで『ライ麦畑でつかまえて』を読んでいる。

『フィールド・オブ・ドリームス』（89年、フィル・アルデン・ロビンソン監督）では主人公のケヴィン・コスナーがアイオワ州のトウモロコシ畑のなかに野球場を作る一方で、テレンス・マン（ジェームズ・アール・ジョーンズ）という世捨人のような作家を探す旅に出る。

W・P・キンセラの原作『シューレス・ジョー』では、この作家はJ・D・サリンジャーになっている。しかし、映画化に当って、ロビンソン監督は、世を避けて静かな暮しをしているサリンジャーのことを配慮して、テレンス・マンという架空の作家に変えたという。

（2018・7・24）

第4周

ケヴィン・コスナーの『フィールド・オブ・ドリームス』の話から…ブルックリン・ドジャースの話につながりました。

メジャー・リーグのドジャースの本拠地は現在、ロサンゼルスだが、一九五〇年代までは、ニューヨークの下町ブルックリンにあった。

エリア・カザン監督の『ブルックリン横丁』（45年）に描かれたように、この地区はニューヨークのなかでも庶民が住む町、マンハッタンとはイースト・リヴァーで隔てられている。いわば川向う。だから「ブルックリン橋を渡ってマンハッタンにいく旅は、世界でいちばん長い旅だ」という言葉があるほど。

ブルックリンの狭い通りをトロリー・バスが走っていた。町の人間は自然と「よける」（dodge）のがうまくなった。そのため一八八〇年に創設された野球チームの名前はドジャースとなった。

このロサンゼルスに移転する前のブルックリン・ドジャースほど愛された野球チームはないのではないか。ひとつには、一九五八年に本拠地をロサンゼルスに移してしまった結果、ブルックリン・ドジャースがなくなってしまったため。消えたチームだからいっそう愛着、郷愁が強くなる。映画のなかにはブルックリン・ドジャースのファンが実に多い。

『フィールド・オブ・ドリームス』のケヴィン・コスナー演じる主人公レイ・キンセラはブルックリンの出身。当然、ドジャースのファン。この映画の冒頭には、ニュース映画で、ブルックリンっ子に愛されたエベッツ・フィールドが大きな鉄の塊で取り壊される姿がとらえられる。下町の人間には、どんなに悲しいことだっただろう。

レイ・キンセラがアイオワのトウモロコシ畑のなかに球場を作ったのは、いわばもうひとつのエベッツ・フィールドを夢見たからだろう。

この映画では、J・D・サリンジャーをモデルにしたテレンス・マン（ジェームズ・アール・ジョーンズ）がインタヴューで「僕の子供の頃の夢は、ジャッキー・ロビンソンと共にエベッツ・フィールドで野球をすることだった」と語っている。しかし、ドジャースが移転してしまったので「その夢も叶わなくなった」。

ジャッキー・ロビンソンはブルックリン・ドジャースに入団して大活躍した黒人最初の大リーガー。ウェイン・ワン／ポール・オースター共同監督の『ブルー・イン・ザ・フェイス』（95年）にはブルックリンの小さな煙草屋に、ある日、夢のようにかつてのスター、ジャッキー・ロビンソンが現れたものだった。それも顔は見せない。背番号「42」だけを見せる。「42」は現在のドジャースで永久欠番になっている。

いまはもうなくなったチームだからこそ愛惜が強まる。『フィールド・オブ・ドリームス』の監督、フィル・アルデン・ロビンソンは、一九五〇年ニューヨーク近郊の生まれで、子供の頃、ブルックリン・ドジャースのファンだった。亡き映画評論家、増淵健氏のインタヴューに「ABCを覚える前にブルックリン・ドジャースのプレーヤーの名前を覚えた」と語っている（劇場プログラムによる）。

『クレイマー、クレイマー』（79年）のダスティン・ホフマン演ずる父親もブルックリンの出身。子供のジャスティン・ヘンリーに「お父さんの子供の頃は、ブルックリンではドジャースが人気があったんだよ」と教えている。

数多いブルックリン・ドジャースのファンで忘れ難いのは、ドン・シーゲル監督『アルカトラズからの脱出』(79年)の古参の囚人だろう。刑務所に新しく入ってきたクリント・イーストウッドから世間の情報を聞こうと「ブルックリン・ドジャースの調子はどうだい?」と聞くと、イーストウッドは無情にも「ドジャースはもうブルックリンにはいないぜ」。この刑期の長い囚人は、ドジャースがロサンゼルスに移転したことを知らなかった。

ドジャースの移転はブルックリンっ子を悲しませた。『ブルー・イン・ザ・フェイス』には「ドジャースがブルックリンから消えて以来、人生から野球が消えた」と嘆いている老人も出てきた。

最近の映画にもブルックリン・ドジャースのファンが登場する。

ジョン・クローリー監督の『ブルックリン』(15年)。アイルランドからアメリカにやってきた女性、シアーシャ・ローナンと愛し合うようになる配管工の若者、エモリー・コーエン。五〇年代のブルックリンに住んでいるから当然、ドジャースのファンだった。

(2018・8・7)

第5周

ブルックリン・ドジャースの話から…『東京暗黒街 竹の家』『東京物語』…最後は『駅馬車』につながりました。

ブルックリン・ドジャースの話を続けたい。一九五〇年代の日本にもこの強豪チームのファンがちゃんといた！

日本でロケして作られたサミュエル・フラー監督の『東京暗黒街 竹の家』（55年）。ロバート・スタック演じる捜査官が、東京で暗躍する犯罪組織（ボスはロバート・ライアン）の実態を探るため、ひそかに日本にやってくる。組織に潜入する。

ある時、ロバート・スタックは東京の町を歩く。床屋に入る。すると、おかみさんがいう。「ブルックリン・ドジャースは強いわね！」。日本でもドジャースが知られていた！

この映画は五五年に日本でロケされているが、五五年のシーズンではドジャースはワールド・チャンピオンになっている。

そして五六年には、読売新聞社の招きで来日。ジャッキー・ロビンソン、ギル・ホッジス、ロイ・キャンパネラらスター選手が日本のファンの前でプレーした。

ブルックリン・ドジャースは日本でもおなじみのチームだった。


『東京暗黒街 竹の家』のラスト、ロバート・スタックがロバート・ライアンを追いつめる場面は、浅草松屋の屋上の遊園地にあった大観覧車、スカイクルーザーでロケされている。土星の形をしていて輪の部分が回転する。ロバート・ライアンはこれに乗っているところで撃たれて死んでゆく。

スカイクルーザーは日本映画にもよく登場したが、ひとつだけ印象的な映画を挙げれば昭和三十三（一九五八）年公開の松竹のサスペンス映画、岩間鶴夫監督『その手にのるな』。原作はジョルジュ・シムノン。パトリス・ルコント監督『仕立て屋の恋』（89年）と同じ話。

高橋貞二演じるキャバレーの楽士が、ストリッパーの杉田弘子とデートするのだが、この時、二人はスカイクルーザーに乗っている。


『東京暗黒街 竹の家』では、東京に来たロバート・スタックが、ギャングに殺された友人の日本人の恋人（山口淑子）を探しに、まず行くところが、いまはない浅草の国際劇場。松竹が昭和十二（一九三七）年に完成させた大劇場で、松竹少女歌劇団の舞台、とりわけターキーこと水の江瀧子が大人気となった。

空襲で被害を受けたが、戦後、改築して昭和二十二（一九四七）年に興行を再開した。『東京暗黒街 竹の家』ではロバート・スタックが、国際劇場の屋上で稽古している踊り子たちに、親友の恋人、山口淑子の行方を尋ねる。

国際劇場はその後、閉館。昭和五十七（一九八二）年に取り壊され、浅草ビューホテルにかわった。


一九八一年に公開された森田芳光監督の出世作『の・ようなもの』では、落語家の卵の志ん魚《しとと》（伊藤克信）が、朝早く、まだ人のいない浅草を歩く。浅草寺で手を合わせ、そのあと、国際劇場の前に出る。もう劇場最後の頃。志ん魚は「踊り子たちは今頃どうしているだろう」と気づかう。

志ん魚が朝早い浅草を歩いたのは、女友達（麻生えりか）の家に遊びに行き、落語を披露したところ、父親からも彼女からも「下手」と言われ傷ついてしまい、夜中、家を飛び出したから。もう電車は走っていないので、夜通し歩くことになった。

この女友達の家は、東武電車の堀切駅の近くにある。志ん魚は駅に行って、電車がないのを知り、浅草から自分の家のある根津に向かって歩き始める。

堀切駅は急行の停まらない小駅だが、小津安二郎監督『東京物語』（53年）に登場するので映画ファンにはよく知られている。

尾道から東京に出て来た両親（笠智衆、東山千栄子）がまず行くのは、町医者をしている長男（山村聰）の家。堀切駅の近くにあり、カメラは荒川放水路の土手下にある堀切駅の小さなホームをとらえる。

『の・ようなもの』で森田芳光が志ん魚の早朝の歩き（いわゆる「道中づけ」）を堀切駅からスタ

ートさせたのは、当然、『東京物語』を意識してのことだろう。

『東京物語』にはジョン・フォードの映画が出てくる。えっ、どこに⁉　山村聰の中学生になる長男（村瀬禪）が、家の中でジョン・フォード『駅馬車』（39年）の主題曲を口笛で吹く。

ジョン・フォードは言うまでもなくアイルランド系。ここでまた、わがシアーシャ・ローナン主演の『ブルックリン』が登場する。

アイルランドからニューヨークに出て来てデパートで働くようになったシアーシャ・ローナンに朝、先輩の女性が気を使って声をかける。「昨日、（ジョン・フォードの）『静かなる男』を観たわ。あなたの故郷のアイルランドが舞台だった」。

（２０１８・８・21）

第6周

ジョン・フォード『駅馬車』の話から…最後は『スリー・ビルボード』につながりました。

ジョン・フォードの『駅馬車』（39年）は馬車に乗り合わせた人間たちのあいだにドラマが起るという点で、モーパッサンの代表作『脂肪の塊』にアイデアを得ている。モーパッサンの小説で、題名にもなった太った娼婦ブール・ド・シュイフ（脂肪の塊）に当る女

性が、『駅馬車』では、クレア・トレヴァーが演じた気のいい酒場女ダラス。アメリカ映画ではおなじみの「黄金のハートを持った娼婦」。サム・ペキンパー監督『砂漠の流れ者』（70年）の、あの最高に素晴らしかったステラ・スティーヴンス演じる娼婦ヒルディはその伝統を受継いでいる。

『駅馬車』のプロデューサーは、ハリウッド史上に名を残す名プロデューサーの一人、ウォルター・ウェンジャー（Walter Wanger・一八九四～一九六八年）。『駅馬車』の他に、グレタ・ガルボの代表作『クリスチナ女王』（33年）、ヒッチコックの『海外特派員』（40年）、フリッツ・ラングの『スカーレット・ストリート』（45年、日本未公開だがＤＶＤが発売されている）などの名作を製作している。

名プロデューサーだが、同時に、ハリウッドのスキャンダル史にも名を残している。彼の奥さんは『スカーレット・ストリート』に主演したジョーン・ベネットだが、一九五一年の十二月、ウェンジャーは、妻がジェニングス・ラングというエージェントの男と浮気していると疑い、その男を銃で撃ち、重傷を負わせた。

そのため短期間だが刑務所に入った。しかし、そこは不屈。出獄後、インディペンデントのプロデューサーとして、刑務所もの、ネヴィル・ブランド主演で『第十一号監房の暴動』（54年）を製作し、ヒットさせた。この映画の監督が当時はまだマイナーだったドン・シーゲル。

続いてドン・シーゲルと組んでジャック・フィニィ原作の『ボディ・スナッチャー／恐怖の街』（56年）を作り、これも成功させ、そのあとは、やはり刑務所ものといっていい『私は死にたくない』（58年、ロバート・ワイズ監督）で主演のスーザン・ヘイワードにアカデミー賞をもたらした。
凄いプロデューサーである。最後は、エリザベス・テイラー主演の『クレオパトラ』（63年）に取りかかったが、あまりの予算の超過をコントロール出来ず、途中で製作を追われてしまった。

『駅馬車』のジョン・フォードに戻ろう。よく知られるようにフォードはアイルランド系で、祖国を愛し続けた。

アイルランドを舞台にした『静かなる男』（52年）は、アイルランド讃歌。前述したように、『ブルックリン』（15年）では、アイルランドからニューヨークにやってきてデパートで働くようになったシアーシャ・ローナンに、先輩が励ます意味で「『静かなる男』、見たわよ、あなたの故郷でしょ」と声を掛ける。『ブルックリン』は一九五〇年代のはじめが時代背景。ちょうど『静かなる男』が公開された頃だから、こういう場面が生きた。

ジョン・フォードのアイルランドものの代表作に、やはりアイルランドでロケされた『月の出の脱走』（57年）がある。

三つの短篇から成る作品だが、一九五八年に日本で公開された時、ふたつをカットしてしまった。そのために当時、あまり話題にならなかったが、二〇一七年の秋、五〇年代、六〇年代のアメリカ映画のＤＶＤを次々に発売することで知られるディスク・ロード社が、うれしいことに完全版を出してくれた。

第一話は喧嘩をして罰金を払うことになった男が、あんな奴を殴って罰金を払うくらいならと、迎えに来た警部に付添われ、胸を張って刑務所に行く話。誇り高きアイリッシュ！

第二話は、田舎の駅が舞台。列車が到着し、車掌が「一分間停車」と告げる。乗客はその一分のあいだにパブでビールを飲んだり、お茶を飲んだり。大急ぎで列車に戻ると、そこに予定外の客が乗ることになって発車が遅れる。車掌はまた「一分間停車」。これが繰返される。人間の愚行こそを愛するアイリッシュ・ユーモア。

第三話は一九二一年。アイルランドの独立運動の闘士が捕えられ、死刑を宣告される。それを町の人々が勇敢に、ユーモラスに助け出す。独立への思いがこめられている。

アイルランドの俳優たちが出演している。有名スターはいない。ただ、アイリッシュのスター、タイロン・パワーが進行役を務めている。

『ブルックリン』がそうだったように、最近のアメリカ映画でもアイリッシュは活躍している。いちばん新しいところでは『スリー・ビルボード』（17年）の監督マーティン・マクドナーはアイリッシュ。主演のフランシス・マクドーマンドも名前からいってそうだろう。


（2018・9・4）

第7周

『スリー・ビルボード』の話から……ブルックリン・ブリッジにつながりました。

『スリー・ビルボード』（17年）には冒頭、物語には不似合な美しい曲が流れる。

アイルランド民謡の『ラスト・ローズ・オブ・サマー』（「咲残りし夏の薔薇」）。歌詞はアイルランドの国民的詩人トーマス・ムーア（一七七九〜一八五二）。

監督のマーティン・マクドナーがアイルランド系なので、この曲を選んだのだろう。ちなみに主演のフランシス・マクドーマンドも名前からみてアイルランド系。ジョン・フォードの時代と同じように現代のアメリカ映画界でもアイルランド系が活躍している。

『ラスト・ローズ・オブ・サマー』は日本の唱歌『庭の千草』の原曲。中川信夫監督の『夏目漱石の三四郎』（55年）では、八千草薫演じる美禰子のテーマ曲として何度か、『庭の千草』が流れる。

最近の映画では、十九世紀アメリカの孤高の詩人を描いたテレンス・デイヴィス監督、シンシア・ニクソン主演の『静かなる情熱 エミリ・ディキンスン』(16年)で『ラスト・ローズ・オブ・サマー』が流れる。十九世紀のアメリカですでに知られていた曲だったことが分かる。

エミリ・ディキンスン好きは、映画の中によく登場する。最近では、ジム・ジャームッシュ監督の快作『パターソン』(16年)で、詩を書く十代の少女が、やはり詩を書くパスの運転手アダム・ドライバーに「私はエミリ・ディキンスンが好き」と言った。

少女時代のジョディ・フォスターの『白い家の少女』(76年、ニコラス・ジェスネル監督)では、ニューイングランドの海辺の一軒家に住む少女がエミリ・ディキンスンの詩を愛読していた。

ウィリアム・スタイロン原作、アラン・J・パクラ監督の『ソフィーの選択』(82年)では、メリル・ストリープ演じる、奇跡的にホロコーストを生き延び、戦後、ポーランドからニューヨークに逃れてきたソフィーが、英語を学ぶ教室ではじめてエミリ・ディキンスンの詩を知り、惹きつけられる。孤独な女性には、この詩人が愛される。

『ソフィーの選択』は第二次世界大戦後のブルックリンを舞台にしている。ソフィーはこの下町の下宿屋で、南部からやってきた小説家志望の若者ピーター・マクニコルと、製薬会社の研究所で働いているケヴィン・クラインと親しくなる。

ある時、ピーター・マクニコルの小説が世に認められる。メリル・ストリープとケヴィン・クラインがそれを祝福する。三人は、ブルックリン・ブリッジに行って、橋の上でシャンパンを抜く。

この橋は車用の道路と歩道が分離されている。歩道は車道より一段高い遊歩道(プロムナード)になっている。だからこういう祝福ができる。

ケヴィン・クラインが言う。「アメリカを代表する文学者、ホイットマン、トマス・ウルフ、ハート・クレインがこの橋を描いた。ここは作家の出発にふさわしい聖地だ」。

ブルックリン・ブリッジはイースト・リヴァーに架かり、ニューヨークの下町ブルックリンと、山の手マンハッタンを結ぶ。一八八三年に完成した大きな吊橋の構造になっている。

映画のなかには実によく登場する。

いちばん有名なのは『ターザン紐育《ニューヨーク》へ行く』（42年、リチャード・ソープ監督）だろう。水泳選手だったジョニー・ワイズミュラー演じるターザンが、この橋からイースト・リヴァーに飛び込んで観客の度胆を抜いた。

ミュージカル、『踊る大紐育』（49年、ジーン・ケリー、スタンリー・ドーネン共同監督）では、ニューヨークで二十四時間の休暇をもらった三人の水兵、ジーン・ケリー、フランク・シナトラ、ジュールス・マンシンがこの橋の上で踊った。

下町のブルックリンからブルックリン・ブリッジを渡って山の手のマンハッタンへゆくのは「世界でいちばん長い旅」と言われる。ブルックリンとマンハッタンのあいだにはそれだけ階級差、経済格差があった。

七〇年代の大ヒット作『サタデー・ナイト・フィーバー』（77年、ジョン・バダム監督）ではブルックリンに住むディスコ好きの店員、ジョン・トラボルタが最後、この橋を渡ってマンハッタンへと旅立っていった。
たびたび登場させて恐縮だが、『ブルックリン』では、アイルランドからニューヨークにやってきたシアーシャ・ローナンがマンハッタンのデパートで働く。朝、マンハッタンの雑踏を歩く彼女のうしろにブルックリン・ブリッジの大きなアーチが見える。

（2018・9・18）

第8周

ニューヨーク・ブルックリンの話から……『ティファニーで朝食を』につながりました。

『ソフィーの選択』（82年）や『ブルックリン』（15年）など数多くの舞台になったニューヨークの下町ブルックリンを私などの世代が初めて知ったのは、エリア・カザン監督の『ブルックリン横丁』（45年）によって。日本では戦後の一九四七年に公開された。

原題は“A Tree Grows in Brooklyn”。それを『ブルックリン横丁』と記した。「横丁」とは庶民の町ブルックリンの雰囲気が出ていていい日本題名だと思う。

貧しいアイルランド移民一家の物語。父親（ジェームズ・ダン）は歌手を夢見ているが芽が出ない。ウェイターの仕事でなんとか暮している。気のいい男だが、酒飲みのため失敗ばかりしている。酒飲みの気のいいアイルランド人というのはアメリカ映画のひとつの典型的キャラクター。

父親がそんな具合だから、しっかり者の母親（ドロシー・マクガイア、この女優も名前からいってアイリッシュだろう）が、気丈に家庭を支えている。

長女（ペギー・アン・ガーナー）はまだ十代。本好きの女の子で、図書館というものがあるのを知り、毎日のように町の図書館に通う。家が貧しい子供には図書館は有難い。

ある日、“The Anatomy of Melancholy”（憂鬱の解剖）という本を借りる。司書の女性が「こんな難しい本を読むの？」と驚くと、女の子はこう答える。

「わたし、図書館の本をAからZまで全部読みたいんです」。可愛い勉強家だ。

子供と図書館といえば、ウィリアム・サロイヤンの愛すべき小説『人間喜劇』の映画化、クラレンス・ブラウン監督、ミッキー・ルーニー主演の『町の人気者』（43年）を忘れてはなるまい。日本では『ブルックリン横丁』と同じ一九四七年に公開されている。

カリフォルニアの小さな町に住む一家の物語。アメリカ映画がかつて得意としたスモールタウンものでもある。

父親は死んでいる。長男（ヴァン・ジョンソン）は兵隊に取られている（第二次世界大戦下のこと）。子役時代のミッキー・ルーニー演じる次男、十代のホーマーが町の電報配達をしながら家計を助けている。

いちばん下は五歳のユリシース。この男の子がそばかすだらけで可愛い。五歳でまだ字が読めないのに、図書館に行って本を眺めるのが好き。本のなかには、何が書いてあるんだろうと不思議に思う。「不思議がる」能力がこの子供を輝かせている。

サロイヤンの小説版では、本を読めないのに毎日のように図書館にやってくる子供を見て司書の老女性が言う。

「私は、六十年間、本を読んできました。だからといって、私に何か変化があったとは思えません。さあ、行って、好きなように、本を眺めなさい」。本の読めない子供に負けたと言っている。

『町の人気者』はＤＶＤになっている。まだ無名時代のロバート・ミッチャムが若い兵隊の役で出演しているのも見逃せない。

トルーマン・カポーティ原作、ブレイク・エドワーズ監督の『ティファニーで朝食を』（61年）にも図書館が出てくる。

オードリー・ヘプバーン演じるニューヨークの高級娼婦ホリーが、ジョージ・ペパード演じる駆け出しの作家と親しくなる。

ある時、ジョージ・ペパードはオードリーをニューヨーク公共図書館に連れて行き、図書カードで、ここには自分の本が置かれていることを教える。オードリーは「すごい！」と驚き、彼の本を借り出し、サインをねだる。図書館の本なのに「サインして」というのが笑わせる。

原作者のカポーティには図書館について愉快なエピソードがある。拙訳、ローレンス・グローベル『カポーティとの対話』（文藝春秋、一九八八年）に紹介されている。

ある時、カポーティはハリウッドのプロデューサーと車で大陸横断の旅に出た。田舎町に着くたびに町の図書館に入る。プロデューサーが、どうしてそう何度も図書館に行くのかと聞くと子供みたいに喜びながらこう答えた。

「著者目録を調べているんだ。この図書館ではメイラーのは七枚、ヴィダルは八枚。それに対して私のは十一枚だ」

ライヴァルの作家ノーマン・メイラーやゴア・ヴィダルの本より、自分の本のほうが多いことを無邪気に喜んでいる。

映画『ティファニーで朝食を』は最後、タクシーのなかでオードリーがペパードと喧嘩する。かっとなって、自分が可愛がっていた猫を雨の降る通りへ投げ出してしまう。すぐに後悔して雨のなかペパードと一緒に猫を探す。やっと猫が見つかってめでたく二人は結ばれる。

雨のなかの猫探し。とすると次の映画は？

（２０１８・10・２）

第9周

『ティファニーで朝食を』の話から…『寝ても覚めても』『めまい』…最後は『ママの想い出』につながりました。

『ティファニーで朝食を』（61年）は、最後、雨のなかの猫探しで終わる。オードリー・ヘプバーンがタクシーのなかで、恋人のジョージ・ペパードと喧嘩して、ついカッとなって抱いていた猫（名前はない。ただキャットと呼んでいる）を車の外に捨ててしまう。雨が降っているというのに。

すぐに後悔して、猫を捨てた場所に戻る。「キャット、キャット」とずぶぬれになりながら路地裏を探しまわる。心配したジョージ・ペパードも応援に来る。ようやく、ゴミ箱の裏から猫が「ニャーオ」と顔を出し、ハッピーエンド。

この、雨のなかの猫探しが、濱口竜介監督の『寝ても覚めても』（18年）でも使われている。唐田えりかが演じる主人公の朝子は、そっくり同じ顔をした二人の若者、麦《ばく》と亮平（東出昌大の二役）を愛してしまう。はじめ付合っていた麦は放浪癖が強く、突然、朝子の前から姿を消してしまう。数年後、朝子は、麦そっくりの亮平という若者と知り合い、愛し合うようになる。一緒に暮し始める。

平穏な暮しが続いていたところに、突然、麦が現れる。朝子は驚く。心が揺れる。亮平を捨てて、麦に付いていってしまう。

しかし、結局、憑きものが落ちたように、亮平のところに戻ってゆく。勝手な行動で、当然、亮平は怒る。アパートから朝子を閉め出す。「猫は捨てた」と突き放す。

ちょうど雨が降っている。猫が捨てられたと聞いた朝子は、雨に濡れながらアパートの近くの川べりで猫を探す。その姿は『ティファニーで朝食を』のオードリー・ヘプバーンを思い出させる。

あとで、心優しい亮平は、猫を捨ててなどいなかったことが分かり、猫好きの観客はほっとする。

『寝ても覚めても』は、まったく同じ顔、格好をした二人の若者が登場する。別人なのか、同一人物なのか。

それですぐに思い出されるのは、ボワロ&ナルスジャック原作、ヒッチコック監督の『めまい』(58年)だろう。高所恐怖症の元刑事ジェームズ・スチュアートが、旧友から妻が精神の病から自殺する怖れがあるので、念のため尾行してくれと頼まれる。キム・ノヴァク扮するその奥さんを尾行しているうちに、J・スチュアートは彼女に心奪われてしまう。ところが油断している時に彼女は自殺する。

死の衝撃もあって、J・スチュアートはいよいよ彼女のことが忘れられない。と、ある日、町で、自殺した彼女にそっくりの女性に出会う（キム・ノヴァクの二役）。

この『めまい』の影響を受けて作られたのが、ブライアン・デ・パルマ監督の『愛のメモリー』（76年）。ニューオーリンズで不動産業者として成功したクリフ・ロバートソンは、最愛の妻と娘を誘拐されたうえに、身代金の引き渡しに失敗したため、二人を事故で失う。

失意の彼は、ある時、気分を変えるため親友（ジョン・リスゴー）と共に、フィレンツェへ行く。そこで亡き妻にそっくりの若い女性に会う。演じているのは、ジュヌヴィエーヴ・ビジョルド。妻と若い女性の一人二役。

一人二役ものは、失った大事な人間にもう一度会いたいという思いから、作られるのだろう。

『めまい』は二役を演じるキム・ノヴァクの美しさが大評判になったためにかすんでしまったが、もう一人の女優にも注目したい。

ジェームズ・スチュアートのかつての恋人役。ファッション・デザイナーで目下、ブラジャーのデザインをしている。眼鏡をかけ、いかにもキャリア・ウーマン風。ジミーのことをいまでも好きなのだが、彼の心がキム・ノヴァクに行ってしまうので傷つくという損な役。普通、よほど演技力がないと引き受けたがらないのではないか。

演じているのはバーバラ・ベル・ゲデス。古い映画ファンなら、『5つの銅貨』（59年）でダニー・ケイの奥さんを演じた女優といえば、ご記憶だろう。のち、テレビの『ダラス』で全米に知られたという。

私などの世代では、ジョージ・スティーヴンス監督、アイリーン・ダン主演のホームドラマの傑作『ママの想い出』（48年）で、文学好きの長女を演じたのが心に残る。

『ママの想い出』は、二十世紀初頭のサンフランシスコを舞台にしたノルウェー移民の一家の物語。『めまい』がサンフランシスコを舞台にしていたのは言うまでもない。

『ママの想い出』には、猫好きには記憶に残る愉快なエピソードがある。次周は『ママの想い出』につなげよう。

（2018・10・16）

第10周

『ママの想い出』の話から…山田五十鈴が母役を演じた『我が家は楽し』につながりました。

ＲＫＯ作品『ママの想い出』（48年）は、アメリカ映画史に残るホームドラマの傑作。子供の頃に観て感動した。とくに母親を演じるアイリーン・ダンの美しさには魅了された。幸い、ジュネス企画からＤＶＤが発売されている。未見の方はぜひ観て欲しい。

監督はのちに『シェーン』（53年）『ジャイアンツ』（56年）を作るジョージ・スティーヴンス。代表作のひとつになる。

二十世紀初頭のサンフランシスコに住むノルウェー移民の一家の物語。父親（フィリップ・ドーン）は大工。四人の子供がいる。暮し向きは決してよくないが、優しくしっかりした母親が中心にいるので、家のなかはいつも明るい。バーバラ・ベル・ゲデス演じる長女の目で語られてゆく。

猫のいいエピソードがある。十歳くらいの末娘が可愛がっている。雑種。牡だがエリザベスと女性の名前が付けられている。

この猫、他の猫と喧嘩ばかりしていて生傷が絶えない。いつもは相手をやっつけるのだが、その日は、負けたらしく、傷だらけになって帰ってくる。末娘が抱いても、ぐったりしている。もう駄目らしい。

母親は苦しむよりはと安楽死させることにする。末娘が眠ってしまった夜、父親や長男の手を借りてクロロホルムをかがせる。可哀そうだが仕方がない。

翌朝、末娘が起きてきて、すぐ猫のところに行き、抱き上げる。娘をなんといって慰めたらいいか、母親は心を痛める。

と、よく見ると末娘に抱かれた猫が尻尾を振っている。生きていた！　奇跡が起きた。与えたクロロホルムの量が少なかったため、致死量に至らず猫は眠っただけ。その眠りが体力を回復させた。尻尾を振る猫に一同、ほっとする。

現代の映画には猫があふれているが、一九四〇年代の映画で猫が家族の一員のように描かれるのは珍しい。

母親を演じたアイリーン・ダンの優しい美しさは特筆もの。戦前からの大スター。『ママの想い出』当時、四十代のはずだが、実にふくよか。品の良さではハリウッド随一で、『王様と私』（56年）のオリジナル『アンナとシャム王』（46年）では、イギリスのレディ、アンナを演じている。

『ママの想い出』はもともとは舞台劇（ママを演じたのはマディ・クリスチャンスという女優）。舞台がヒットして映画化された。当時のRKOの製作トップは、赤狩りの時代にあってもリベラルな態度を崩さなかったドア・シャーリー。映画の冒頭クレジットにDore Schary presentsと出る。

一九七九年にはじめてニューヨークに行った時、ブロードウェイで『ママの想い出』（I Remember Mama）が上演されていた。

迷わずに観た。ママを演じていたのはベルイマン映画でおなじみのリヴ・ウルマン。ノルウェー出身だからこの役に選ばれたのだろう。

若い頃にスターだった女優が中年になって母親役に転じる。この切換えは難しいと思うが、『ママの想い出』でアイリーン・ダンはそれに成功し、代表作になった。

日本でこの切換えに成功したのは田中絹代。戦前『恋の花咲く 伊豆の踊子』（33年）に出演した可憐な女優は戦後、母親役に転じて新境地を開いた。作品は言うまでもなく成瀬巳喜男監督のホームドラマの傑作『おかあさん』（52年）。

東京の下町で、夫亡きあと、クリーニング店を営みながら子供たちを育ててゆく母親。優しくてしっかりしている。『ママの想い出』のアイリーン・ダンに通じる。

この映画は、長女（香川京子）の目で母親が語られてゆくという形を取っているが、これは『ママの想い出』で、長女が母親の思い出を語ってゆくのと同じ。脚本の水木洋子は『ママの想い出』を意識したのではないか。

日本の美人女優で母親を演じて意外によかった例がもうひとつある。中村登監督のホームドラマ『我が家は楽し』（51年）の山田五十鈴。当時、三十代なかばだが、高峰秀子、岸惠子（映画初出演）演じる大きな娘がいる母親。思い切った切換えだが、これがよく、役柄を広げた。

『我が家は楽し』は東京のサラリーマン家庭の物語。父親は笠智衆。この映画には『ママの想い出』そっくりのエピソードがある。

娘の高峰秀子は画学生。ある時、母親の山田五十鈴は娘に才能があるかどうか、娘の絵を持って高名な画家（新劇界の大御所、青山杉作）に見せにゆく。

このくだりは『ママの想い出』で、母親のアイリーン・ダンが、娘のバーバラ・ベル・ゲデスの書いている小説がものになるかどうか、女性作家のところに見せにゆくのと同じ。

脚本の田中澄江は明らかに『ママの想い出』に倣っている。パクリなどと怒らず、それだけ『ママの想い出』が秀れた映画で、日本のホームドラマに影響を与えたのだと考えたい。

（２０１８・10・30）

第11周

もう一度、『ママの想い出』の話から…チャールズ・ディケンズにつながりました。

クリスマスは昔から西洋でにぎやかに祝われていたと思っていたが、そうではないという。二〇一八年公開の『Merry Christmas! ～ロンドンに奇跡を起こした男～』（バハラット・ナルルーリ監督）によると、クリスマスの祝いが現在のような形（イヴにモミの木を飾り、贈り物をしあう）になったのは、イギリスの作家、チャールズ・ディケンズが、一八四三年に『クリスマス・キャロル』を発表、それが大好評を得た結果だという。

この映画によれば、当時、ディケンズ（演じるのはテレビドラマ『ダウントン・アビー』で人気が出たダン・スティーヴンス）は、スランプにあり、なかなか次回作が書けなかった。そんな時、家で働く若いメイドが子供たちに話して聞かせているアイルランドの民話を面白いと思い、それに想を得て『クリスマス・キャロル』を書き上げたという。クリスマスの季節に発表され、たちまち大人気になり、物語のなかのお祝いと同じようにクリスマスが豊かに祝われるようになった。

ディケンズはアメリカでも早くから読まれていた。

映画のなかにディケンズが登場した早い例は、『風と共に去りぬ』(39年) だろう。南北戦争で南部が敗れる。タラの農園も荒廃する。ある夜、農場ではスカーレット (ヴィヴィアン・リー) やメラニー (オリヴィア・デ・ハヴィランド) ら残された女性だけになり、北軍の捜索を恐れ、息をひそめている。

この時、メラニーが女性たちの緊張をほぐそうと、ディケンズの『デイヴィッド・コパフィールド』を読み、聞かせる。女性たちは編み物などをしながら、デイヴィッド少年の波乱の人生に耳を

傾ける。

南北戦争下の南部の家庭でイギリスの作家の小説が読まれていたとは意外。南部の農園主たちが教養ある家庭を作っていたのだろう。ちなみに“Gone with the Wind”の主語は Civilisation（文明）。

このところ続けて紹介しているジョージ・スティーヴンス監督の『ママの想い出』（48年）にもディケンズが登場する。

二十世紀はじめのサンフランシスコ。ノルウェー移民の一家の暮しは楽ではない。家の二階の部屋を人に貸し、少しでも家計の足しにしようとする。

部屋を借りたのは、イギリスの老人（サー・セドリック・ハードウィク）。この老人は一家のために、夜、さまざまなイギリスの小説を読んで聴かせる。まだラジオもテレビもない時代。一日の終わりのつつましい団欒の時になる。

老人が読むのは、コナン・ドイルの『バスカヴィル家の犬』、そしてディケンズの『二都物語』。フランス革命を背景にした物語で、最後、義侠心に富む主人公が愛する女性の身代りになって処刑台に消えるところでは、みんな涙を流す。


ディケンズは長篇が多い。だから読むのに時間がかかる。

ジョン・ヒューストン監督のスパイ・サスペンス『マッキントッシュの男』（73年）では、イギリスの諜報部に雇われたポール・ニューマンが、逮捕されて獄中にいるソ連のスパイを暗殺するために、自分もわざと逮捕され、同じ刑務所に入る。刑務所のなかは時間がたっぷりある。そこでポール・ニューマンはディケンズの『ピクウィック・クラブ』を読む。

怖い話がある。

イヴリン・ウォー原作のイギリス映画、チャールズ・スターリッジ監督の『ハンドフル・オブ・ダスト』（88年）。

イギリスの貴族の青年（ジェームズ・ウィルビー）が、探険隊に加わって南米のジャングルへ冒険旅行に出かける。

しかし、途中で探険は失敗し、一人、未開の地に取残されている。死を覚悟した時、英語を話す文明人（アレック・ギネス）に助けられる。彼は原住民の村を主のように支配している。青年は彼に助けられ、イギリスに戻れるのを期待する。

ところが――。この密林の文明人は英語を話せるのだが、字が読めない。なぜかディケンズの小説をたくさん所蔵している。

そこでこの青年が、彼のためにディケンズを読むことになる。青年は恩返しのつもりでその役割を果すことにする。

ディケンズは長篇ばかり。一回読み終えても、またもう一度と要求される。ついに青年は死ぬまで密林のなかでディケンズを読まされることになる。こんな怖い話はないだろう。

（2018・11・13）

第12周

ディケンズの話から…『素晴らしき哉、人生!』『三十四丁目の奇蹟』、クリスマスの名作につながりました。

ディケンズの『クリスマス・キャロル』から始まったというクリスマスの祝いだが、現在ではクリスマス・シーズンになると観たくなる映画がある。いずれもクリスマスにふさわしい心温まる映画。それを観ることでクリスマスを静かに祝福する。

私などの世代でクリスマス映画といえば、このコラムで何度も紹介しているエリア・カザン監督の『ブルックリン横丁』(45年)。

ニューヨークの下町、ブルックリンに住む貧しいアイルランド移民の家族の物語。この一家の子供たちには、毎年、クリスマス・イヴになるとすることがある。

モミの木をただで手に入れること。イヴの日、町には行商人がやって来て、街角でモミの木を売る。夜、何本かが売れ残る。子供たちはそれを待っている。行商人は残ったモミの木を放り投げる。

それをころばずに受け止めることが出来れば、モミの木をただでもらえる。幼ない姉と弟は、毎年二人で協力して投げられたモミの木をキャッチする。今年も大きなモミをなんとか無事に手に入れ、うれしそうに家に持ち帰る。夜、一家でその飾りつけをする。可愛らしいクリスマス・イヴに心和む。

アメリカでは、クリスマス・シーズンというと必ず名画座で上映された映画が二本あった。

ひとつはフランク・キャプラの『素晴らしき哉、人生!』(46年)。ハート・ウォーミングな映画に定評のあるキャプラらしい佳作。

ジェームズ・スチュアート演じる主人公は、小さな町で不動産業を営む(奥さんはドナ・リード)。町には悪徳業者(ライオネル・バリモア)が暴利をむさぼっているが、善良な彼は、貧しい町の人たちに低価格の住宅を提供して喜ばれている。

クリスマス・シーズンに事件が起きる。彼の共同経営者が大事な資金をなくしてしまう。それがなければ会社はやってゆけない。ジェームズ・スチュアート演じる主人公は金策に走るがうまくゆかない。絶望して自殺しようとする。

そこに天使が現われ、危機を救う。ちょうどクリスマス・イヴ。この天使が、天国では格の低い二級の年老いた天使(ヘンリー・トラヴァース)というのが愉快。

最後はめでたし、めでたしになる大人のお伽話だが、第二次大戦直後の一九四六年、アメリカがもっとも幸福だった時代らしい、善人は必ず報われる物語として映画史に残っている。

アメリカ人に愛されているクリスマスもののもうひとつは、これも大人のお伽話、ジョージ・シートン監督の『三十四丁目の奇蹟』(47年)。

三十四丁目とは、ニューヨークの当時の人気百貨店、メイシーのこと。この店では毎年クリスマス・シーズンに、サンタクロースのパレードをする。もちろん本物ではない。ところがその年、サンタクロース役に選ばれた老人は、本物にそっくり。本人も名前はクリス・クリングルだといい、サンタクロースその人だという。

当然、周囲の人物に変人扱いされる。そんななか、小さな女の子(子役時代のナタリー・ウッド)は本当のサンタクロースと信じるようになる。その母親(モーリン・オハラ)と若い弁護士(ジョン・ペイン)も。

最後は裁判になるが、めでたく本物と認定される。サンタクロースを演じたエドモンド・グウェンはアカデミー賞助演男優賞を受賞。メイシー百貨店はこの映画に協力したことで名を挙げた。アメリカの古き良き時代である。

個人的に好きなクリスマスものに『人生模様』(52年)がある。短篇小説作家オー・ヘンリーの五つの作品を映画化したオムニバス。

最後の第五話「賢者の贈り物」が、心温まるクリスマスものになっている。若い夫、ジム（ファーリー・グレンジャー）と妻のデラ（ジーン・クレイン）という若く、貧しい夫婦がいる。ブルックリンあたりの安アパートに住んでいる。

二人は愛し合っている。クリスマスが近づいてくる。それぞれなんとか相手に心に残る贈り物をしたい。しかし、お金がない。

そこで二人は考える。夫は父親からもらった祖父の金時計を売って金を作り、美しい髪が自慢の妻のために櫛を買う。一方、妻は、髪を切って、売り、そのお金で夫のために時計につけるプラチナの鎖を買う。

イヴに二人は贈り物を交換する。それぞれ贈り物が役に立たなかったことを知るが、二人の愛情が深まるのは言うまでもない。

シアーシャ・ローナン主演、グレタ・ガーウィグ監督の『レディ・バード』（17年）には、冒頭、舞台となるサクラメント出身の作家、ジョーン・ディディオンのこんな言葉がクレジットされる。

「カリフォルニアの快楽主義を語る人は、サクラメントのクリスマスを知らない」

同じカリフォルニアの町でも、ロサンゼルスやサンフランシスコのような大都市ではないサクラメントでは、現代でも古き良き、アットホームなクリスマスが祝われているという意味。ニューヨークではいまでも『ブルックリン横丁』や『三十四丁目の奇蹟』で描かれたような昔ながらのクリスマスの祝われ方がされているのだろうか。

（2018・11・27）

第13周

クリスマスの話から…『ALWAYS 三丁目の夕日』『男はつらいよ』シリーズにつながりました。

日本でクリスマスがにぎやかな行事になったのはいつ頃からだろう。

家庭ではクリスマス・ツリーが飾られる（キリスト教徒でもないのに）。子供たちはサンタクロースの贈り物を楽しみにする。町の商店街では『ジングル・ベル』が鳴り、大売出しが始まる。

こういう師走のクリスマスのにぎわいが始まったのは、昭和二十年代の後半、戦後の混乱期も終わり、世の中が落着いてからではないか。

昭和二十八（一九五三）年の成瀬巳喜男監督『夫婦』では、サラリーマンの夫（上原謙）と若い妻（杉葉子）がクリスマスの時期に町に出る。商店街では『ジングル・ベル』が流れ、大売出しが始まっている。サンタクロースの格好をしたサンドイッチマンがいる。ダンスホールでは若い男女がダンスに興じる。日本ならではのクリスマスの光景がこのころから見られるようになったことがうかがえる。

昭和三十年代ノスタルジーの映画、西岸良平の漫画をもとにした山崎貴監督の『ALWAYS 三丁目の夕日』（05年）は、東京タワーが建設中の昭和三十三年（一九五八年）、港区の愛宕下あたりの庶民の町を舞台にしている。

子供相手の駄菓子屋を開きながら、認められない小説を書いている貧乏作家（吉岡秀隆）は、親のいない小学生の子供（須賀健太）を預かることになる。はじめは迷惑がっていたが、次第に情が移って可愛がるようになる。

クリスマス・イヴ。作家先生は、なんとか金のやりくりをして、男の子にプレゼントを用意する。万年筆。

それだけではない。町の医者（三浦友和）に頼んでサンタクロースの格好をしてもらい、プレゼントを家の前に置いていってくれるように頼む。

男の子は本当にサンタクロースがいると思い込んでしまう。無論、すぐに貧乏作家が用意したものと分かるが。

昭和三十年代に入ると、もう庶民のあいだにもサンタクロースの贈り物が定着していっていることが分かる。

東京タワーは昭和三十三年、十二月二十三日、まさにイヴの前日に完成した。高さ三百三十三メートルの世界一の塔は、戦後の苦しい時代を乗り切った日本人への励ましのクリスマス・プレゼントになった。

『三丁目の夕日』は、最後、町の人たちがそれぞれの場所から出来上がったばかりの東京タワーを眺める幸せな場面で終わっている。

昭和三十三年は高度成長が始まっていたがそれでもまだ貧困はあった。『三丁目の夕日』では、堀北真希演じる少女が、青森県の中学校を卒業すると、集団就職で東京にやってくる。まだ十代なかばの子供が親元を離れて都会に出て働かなければならない。高度成長はそういう厳しい現実と共にあった。

集団就職の子供たちは「金の卵」ともてはやされたが、実質は低賃金労働者。都会に出て来ても仕事先は、小さな町工場や個人商店が多かった。『三丁目の夕日』で堀北真希が働くことになる鈴

木オートが小さな町の自動車修理店だったのは、その事情をあらわしている。

もっとも『三丁目の夕日』は「昔はよかった」という一種のファンタジーだから、それ以上、厳しい現実を描いてはいない。

集団就職の現実を描いた映画には、吉村公三郎監督の『一粒の麦』（58年）がある。新藤兼人が脚本に参加している。

昭和三十年代のはじめ、東北各県では集団就職が行われていた。映画では、福島県の中学校を卒業した十一人の生徒たちが、付添いの先生（菅原健二、若尾文子）と共に列車で東京に出てくる。上野駅に到着すると、生徒たちは職安の人間の指示でそれぞれの職場に散ってゆく。ほとんどが下町の町工場か個人商店。夢見た職場とは違って失望する子供たちも出てくる。

集団就職の子供たちは高度成長を底辺で支えたことになる。この集団就職、いつ頃まで続いていたのか。昭和三十年代で終わりかと思うとそうではない。

昭和四十六（一九七一）年に公開された山田洋次監督の『男はつらいよ』シリーズの第七作『奮闘篇』では、冒頭、渥美清演じる寅が、只見線の越後広瀬駅（新潟県）で、集団就職の列車に乗る子供たちを見送る。

一九七〇年代に入ってもまだ集団就職があったとは驚く。

（2018・12・25）

第14周

集団就職の話から…『煙突の見える場所』、小津安二郎につながりました。

昭和三十三（一九五八）年公開の大映映画、吉村公三郎監督の『一粒の麦』には、昔の懐しい東京が好きな人間には興味深い場面がある。

福島県から中学校を卒業した少年少女たちが集団就職で東京にやってくる。「金の卵」とは言われたが、東京に出てきて実際に働く場は中小企業や個人商店が多かった。

少年の一人は、上野駅に着くと雇用主（潮万太郎）に迎えられる。そば屋の主人。少年は下町のそば屋で働くことになる。

二人は上野から京成電車に乗って千住方面に向う。少年が窓から外を見ていると大きな煙突が見える。電車が走るにつれ、本数が違って見える。さっきまで四本だった煙突がいつのまにか二本に。驚く少年にそば屋の主人が「あれが有名なお化け煙突っていうんだ」。

当時、荒川放水路（現在の荒川）沿い、足立区千住桜木町にあった四本の煙突。東京電力の前身、東京電灯が大正十五（一九二六）年に建造した千住火力発電所の煙突。極端な菱型に建てられたために、見る位置によって一本、二本、三本、四本と変わって見えるので「お化け煙突」と呼ばれ、下町のランドマークになった。

永井荷風は日記『断腸亭日乗』の昭和十五年十一月二十六日に、人から聞いた話として「西新井橋南側の堤外に発電所ありて大なる烟突四本高く雲表に聳えたり。この近辺に住む者この烟突をお化烟突と呼べり」と記している。戦前から「お化煙突」と呼ばれていたことが分かる。

この煙突の名を全国に有名にしたのは、昭和二十八（一九五三）年公開の五所平之助監督の『煙突の見える場所』。日本橋横山町あたりの足袋問屋に勤める上原謙と、戦争未亡人で彼と再婚した田中絹代が住む荒川放水路沿いの家からお化け煙突が見える。

冒頭に、上原謙がナレーションで「皆さん、東京のお化け煙突というのをご存知ですか。これです。なぜそんな名前がついたかといえばこの煙突は見る場所と角度によって、四本が三本になり、さらに二本になり、一本になることさえあるからです」と説明する。

ある時、田中絹代は隣の町の安売りをしている肉屋に買物に出かける。買物をすませてふと煙突を見ると一本なのでびっくりする。家に帰ってまた見るといつものように三本になっている。不思議がる田中絹代がユーモラス。

この『煙突の見える場所』でお化け煙突は全国に知られるようになり、さまざまな映画にとらえられるようになった。

成瀬巳喜男監督、高峰秀子主演の『女が階段を上る時』(60年)、野村芳太郎監督の『左ききの狙撃者・東京湾』(62年)、野村孝監督、吉永小百合主演の『いつでも夢を』(63年)などが知られる。

一般に煙突は七〇年代に入って公害が社会問題になると忌避されるようになったが、戦後の復興期から高度経済成長期にかけては、煙突は復興・成長を支えた希望の象徴だった。

だから『煙突の見える場所』では冒頭、空中撮影で、お化け煙突から煙が勢いよく吐き出される姿を力強いものとしてとらえている。『いつでも夢を』では胸を病んだ少女、松原智恵子が「煙突を見ていると励まされる」と煙突を親しみ込めて眺める。

そのお化け煙突も老朽化のため東京オリンピックのあった昭和三十九(一九六四)年に取壊された。


お化け煙突は前述のように荒川放水路沿いにあった。だからこの煙突の写真や映像は、たいてい川と共にある。

荒川放水路は、現在ではただ荒川と呼ばれているが、もともとは放水路とあるように人工の川。隅田川がしばしば

氾濫したので水害を避けるために明治時代の最末期から昭和にかけて十年以上を要して作られたバイパスである。

人工の川だが、隅田川より川幅が広く、河川敷、草土手があるので自然の川のように見える。

小津安二郎は東京の下町、深川の出身だけに下町の東を流れる荒川放水路に親しみを覚えていたようだ。

終戦後の昭和二十三（一九四八）年の作品、『風の中の牝雞』では深川あたりに住む、復員して来ない夫の佐野周二の帰りを待つ田中絹代が、ある日、小さな子供と女友達（村田知英子）と荒川放水路の草土手に遊びに行く、穏やかな小春日和のようないい場面がある。緑の少ない下町の人間にとって、荒川放水路の草土手はささやかなピクニックの場所になっている。

昭和二十八年の作品、『東京物語』では、尾道から東京に出て来た老夫婦（笠智衆・東山千栄子）が町医者をしている長男（山村聰）の家に泊る。

家は荒川放水路沿い。東武電車の堀切駅の近くにある。ある時、祖母は放水路の土手の上で小さな孫と遊ぶ。

『東京物語』のなかでも心なごむ場面。小津が荒川放水路を愛していたことがうかがえる。

（2018・12・25）

第15周

『煙突の見える場所』の話から…荒川放水路を舞台にした映画…成瀬巳喜男の『浮雲』につながりました。

『煙突の見える場所』(53年)や『東京物語』(53年)に登場した荒川放水路(昭和四十年の改正河川法の施行によって呼称は荒川となった)は、昔の日本映画には実によく登場する。東京の川のなかでは大きく、草土手や河川敷があって自然の川のように見えるためだろう。

永井荷風原作、久松静児監督の『「春情鳩の街」より 渡り鳥いつ帰る』(55年)では昭和二十年三月十日、下町を襲った東京大空襲の日、下町の人々が荒川放水路の土手や河川敷で難を免れた様子が描かれている。

荒川で荒物屋をしている織田政雄と、江戸川区の平井で夫と洗濯屋をしている水戸光子が、それぞれ荒川放水路の葛西橋のところへ逃れて、なんとか助かる。河川敷が広い荒川放水路は下町の人々の避難所になった。

この映画は、荒川放水路の西、向島にあった私娼の町、鳩の街を舞台にしているので、しばしば荒川放水路がとらえられる。

薄幸の私娼、桂木洋子は放水路に架かる堀切橋のたもとの草土手で自殺する。私娼屋の主人、森繁久彌は酔って堀切橋から放水路に落ちて死んでしまう。

いい場面もある。東京大空襲でかろうじて生き延びた織田政雄と水戸光子は、その後、それぞれ行商に歩いていた時に、葛西橋の袂で再会する。幸い、天気がいい。暖かい日ざしのなかで二人は草土手に座って持参の弁当を開く。空襲でそれぞれ連れ合いを亡くした二人はそのあと結ばれる。

この場面の荒川放水路の眺めは、まだ周囲に高い建物はなく広々として素晴らしい。

木下恵介監督の『お嬢さん乾杯！』（49年）にも荒川放水路が出てくる。

自動車の修理工場を営んで景気のいい佐野周二が、没落華族のお嬢さん、原節子とお見合いをして、すっかり恋してしまう。

お嬢さんの父親は経済事件に連座して小菅の刑務所（一九七一年以降は、東京拘置所）に入れられている。ある日、父親に面会に行くお嬢さんを佐野周二は車に乗せる。ちょっとしたドライヴになる。

刑務所からの帰り、二人は近くの荒川放水路の土手（正確には放水路と綾瀬川のあいだの中土手）に立って川を眺める。佐野周二は「俺はうんと儲けるんだ」「家を建てるんだ」と原節子を励ますようにいう。

山田洋次監督の『下町の太陽』（63年）では、倍賞千恵子が荒川放水路沿い、墨田区の橘銀座あたりに住んでいる。京成電車の荒川駅（現在の八広《やひろ》駅）から電車に乗って次の曳舟駅近くの化粧品会社の工場（モデルは資生堂の工場）に通う。

この映画はもともと倍賞千恵子のヒット曲『下町の太陽』をもとにした歌謡映画として企画された。そのためだろう、映画のなかで倍賞千恵子が荒川土手を歩きながら『下町の太陽』を歌う「おまけ」の場面がある。

荒川は隅田川の洪水を避けるために人工的に作られたバイパス。北区の岩淵のあたりが隅田川と荒川放水路の分岐点。川の向こうは埼玉県の川口市になる。

川口の町を舞台にした浦山桐郎監督の『キューポラのある街』(62年)で川口の中学生、吉永小百合が初潮を迎えるのが、埼玉県側の河川敷の葦の原だった。

荒川放水路が出てくる映画は数多いが、もっとも早い例は、高峰秀子の子役時代の映画、山本嘉次郎監督の『綴方教室』(38年)だろう。豊田正子という葛飾区の本田《ほんでん》立石尋常小学校に通う小学生の作文をもとに作られている。

彼女の家は、荒川放水路沿いの葛飾区四つ木にある。父親(徳川夢声)は、ブリキ職人で貧乏長屋に住んでいる。

当時、東京の人間にも四つ木は馴染みのない町だったのだろう。冒頭、東京の地図を見せ、上野からの京成電車が荒川放水路を渡ったところにあると説明される。

この一家はもともとは、向島あたりに住んでいた。次第に暮しが楽でなくなり、放水路の向うへと引越した。これで分かるように、四つ木といえば当時の場末だった。

それを意識的に使ったのが、林芙美子原作、成瀬巳喜男監督の『浮雲』(55年)。

戦時中、高峰秀子演じる主人公はタイピストとして仏印(仏領インドシナ、現在のベトナム)に行く。そこで農林省の技官、森雅之に会う。

晩餐の席で、高峰秀子が「東京」の出身だと言うと、森雅之が「東京? 嘘つけ」「(東京とすれば)葛飾、四つ木あたりかな」と四つ木が「場末」と知ったうえで揶揄する。現在でならパワハラになりかねないが、それが二人の恋愛のきっかけになるのだから面白い。(2019・1・8)

第16周

成瀬巳喜男『浮雲』の話から…『インターナショナル』が流れた映画…ウォーレン・ビーティの『レッズ』につながりました。

林芙美子原作、成瀬巳喜男監督の『浮雲』（55年）に労働歌『インターナショナル』が流れる、と書くと「えっ、どこに」と驚く人も多いだろう。道ならぬ恋愛に追いこまれてゆく男女の物語に、♪起て　飢えたる者よ……という労働歌はあまりに不似合だから。

それでも確かに『浮雲』に『インターナショナル』が聞こえてくる場面がある。

仏印（現在のベトナム）からの引き揚げ者である森雅之演じる森林技官の富岡と、高峰秀子演じるゆき子は、日本に戻ってからも関係を続ける。不倫の深味にはまってゆく。二人とも次第に時代から取り残されてしまう。

冬のある日、二人は千駄ヶ谷駅の駅前で落ち合い、神宮外苑を歩く。世を忍ぶ二人のそばを労働者のデモ隊が通る。高らかに『インターナショナル』を歌っている。労働運動が盛んだった戦後の世相をあらわしている。誇らし気に『インターナショナル』を歌うデモ隊が歩いてゆく。そのかたわらを二人は肩をすぼめるように歩く。時代の中心にいる労働者たちと、時代の隅に追いやられてゆく二人の対比がよく出ている。

『インターナショナル』は、一八七一年にフランスで作られ、それが世界に広まり、労働歌の代表になった。日本では、大正十一（一九二二）年に日本語訳が作られた。訳詞をしたのは、俳優として活躍した佐々木孝丸とメキシコに渡った演出家、佐野碩《せき》。

外国映画には『インターナショナル』がよく流れる。

印象に残るのはまず、『フェリーニのアマルコルド』（74年）だろう。

フェリーニの故郷、アドリア海に面したリミニの町に住む人々の物語。フェリーニらしいにぎやかな群像劇になっている。

時代は一九三〇年代。のどかな町にもファシズムの嵐が吹き始めてくる。ある時、ファシスト党の大会が開かれる。多くの町の人間が参加し、熱狂する。

夜、その興奮が続いている。ファシスト党の党員が酒場で騒ぐ。すると、どこからともなく『インターナショナル』が聞こえてくる。ヴァイオリンで演奏される美しい曲。ファシストたちは、敵である労働者たちの歌が流れてくるのを知って騒然とする。

誰が、どこで演奏しているか。やがてファシストたちは気づく。広場の鐘楼の上に、ラッパの蓄音器が置いてあり、『インターナショナル』のレコードが回っている。ファシストたちは銃を抜くと鐘楼に向って銃弾を浴びせかける。

蓄音器は落下し、壊れ、『インターナショナル』は聞こえなくなる。一九三〇年代、ファシストが労働運動を弾圧してゆくことを暗示している。

ファシズムが台頭した時、それに真向うから対立したのが労働運動であり、共産党だった。結局はファシズムに制圧されてゆくのだが。『インターナショナル』はファシズムに対する抵抗の歌になった。

ギュンター・グラス原作、フォルカー・シュレンドルフ監督の『ブリキの太鼓』（79年）でも、ファシズムへの抵抗歌としての『インターナショナル』が流れる。

舞台はグラスの故郷、バルト海に面した旧ドイツの古都ダンチヒ（現在のポーランド領グダニスク）。三歳で成長するのを拒否したオスカル（ダーヴィット・ベネント）が主人公になる。

時代は一九二〇年代から一九四〇年にかけて。この町でもナチスが台頭し、町のあちこちにハーケンクロイツ旗がなびき、党大会が開かれる。

ある時、町をナチスの制服を着た男たちが行進する。すると、どこからともなくトランペットの演奏する『インターナショナル』が聞こえてくる。ナチスに抗議する若者が家の窓から通りに向かって吹いていた。

しかし、こうした抗議も空しく、ナチスの勢力は強まり、一九三九年、第二次大戦が始まる。

『インターナショナル』は、一時、革命後のソ連の国歌になったことがあった。

ウォーレン・ビーティが監督、主演した『レッズ』（81年）は、社会主義に共感し、ロシア革命を取材したアメリカの実在したジャーナリスト、ジョン・リードを主人公にしただけに、『インターナショナル』が流れる。

アメリカのメジャーの作品で『インターナショナル』が流れたのは、これがはじめてだろう。赤狩りの時代には考えられないこと。しかも『レッズ』はアカデミー賞の監督賞を受賞した。

（2019・1・22）

第17周

ウォーレン・ビーティ監督・主演『レッズ』の話から…『チャンス』と、その原作を書いた作家コジンスキーの話につながりました。

ウォーレン・ビーティが監督、主演した『レッズ』（81年）は、ビーティが実在した左翼ジャーナリスト、ジョン・リードを演じる。

リードはロシア革命を取材した数少ないジャーナリストとして知られる。一九一七年十一月、ロシア革命が起きた時、ビーティ演じるリードと、ダイアン・キートン演じるルイーズ・ブライアントは、困難な状況のなか、国境を越え、モスクワ入りする。

そして労働者たちが『インターナショナル』を歌いながら町を行進する姿を見て感動する。この映画は三時間を超える超大作で、休憩を挟んで一部と二部に分かれるが、一部の最後では、『インターナショナル』が高らかに歌われる。ニューヨークの映画館でこの映画を観た時、館内いっぱいに響き渡る『インターナショナル』には、よくアメリカ映画でと驚いたものだった。この左翼映画に資金を出した当時のパラマウント映画社の経営者は相当な太っ腹だ。

『レッズ』には、レーニンと並ぶ革命家、ジノヴィエフが登場する。ロシア革命を指導した一人。モスクワでジョン・リードを歓待する。

このジノヴィエフを演じたのは、俳優ではなく、作家のイエジー・コジンスキー。日本では『異端の鳥』で知られる。ポーランド生まれでアメリカで作家として立った。

ユダヤ人。第二次世界大戦が勃発すると、両親はホロコーストを恐れ、コジンスキーを田舎のポーランド人農婦に預けた。しかし、その農婦が死んだため、少年のコジンスキーは約六年にわたってポーランド各地を彷徨した。『異端の鳥』はこの時の体験をもとに書かれている。

戦後、ポーランドで教育を受けたが、社会主義体制を批判し、一九五七年、二十四歳の時にアメリカに渡った。ニューヨークにたどり着いた時は、ポケットに二ドル八十セントしかなかったという。

コジンスキーの作品で映画化されたのが、ハル・アシュビー監督の『チャンス』(79年)。コジンスキー自身、脚本を手がけている。

お屋敷の庭師として働き、屋敷の外の世界を全く知らないチャンスという男が、主人が死んだため、やむなく外の世界に出ることになり……というファンタスティックな物語。ピーター・セラーズがこの無垢な主人公を演じた。屋敷の主人はメルヴィン・ダグラス。その若い未亡人にシャーリー・マクレーン。ダグラスはアカデミー賞の助演男優賞を受賞した。

ほぼ無一文でアメリカに渡ったコジンスキーは下積みのさまざまな仕事を転々としながら文章を

書いた。一九六〇年、ようやくソ連批判の書（ノンフィクション）が世に出て、名を知られるようになった。

一九六二年には、この本を読んでファンレターを寄稿した十一歳年上の女性と結婚。この女性はある鉄鋼王の未亡人で大金持。一九六六年に離婚するまでの四年間、コジンスキーは「仕事といえばドアマンやウェイターにチップを渡すだけ」という浮世離れした生活を送った。『チャンス』はこの時の体験をもとに書かれている。

コジンスキーは一九九一年、マンハッタンの自宅で自殺した。自宅の浴槽でビニール袋を頭からかぶって自らを窒息死させたという。

ホロコーストの記憶がトラウマになったのだろうか。

二〇一八年、公開されたロベルト・アンドー監督の『修道士は沈黙する』（16年、仏伊合作）では、ドイツで開かれた経済会議に出席したフランスのエコノミスト（ダニエル・オートゥイユ）が会議の前夜、自殺と思われる死に方をする。

自殺とすれば、末期癌になっているのを苦にしたためらしい。ホテルの浴室でビニール袋をかぶって窒息死した。

関係者の一人が「確かアメリカに同じ死に方をした作家がいたな」と言っているが、明らかにコジンスキーのことを指している。

『レッズ』でコジンスキーが演じたジノヴィエフは一九三六年、スターリンとの権力争いに敗れ、処刑された。

（2019・2・5）

第18周

『チャンス』の作家コジンスキーの話から…ヘプバーンとマクレーンの『噂の二人』…『白と黒のナイフ』『推定無罪』というサスペンスにつながりました。

イエジー・コジンスキー原作、ピーター・セラーズ主演の『チャンス』（79年）の監督ハル・アシュビーは近年、日本でもカルト・ムービーになっている、ルース・ゴードン、バッド・コート主演の『ハロルドとモード 少年は虹を渡る』（71年）で知られる。

もともとは、映画の編集者。リリアン・ヘルマンの戯曲の映画化、ウィリアム・ワイラー監督の『噂の二人』（61年）では、アシスタント・エディターを務めた。

オードリー・ヘプバーン、シャーリー・マクレーン演じる仲のいい二人の女性は、アメリカ東部で女の子のための寄宿制私立学校を経営している。

ある時、心ない女生徒（カレン・バルキン）の悪意の嘘で、二人は同性愛者だと噂され、学校を閉じざるを得なくなる。

女の子の話は結局、嘘だったと分かる。そこでめでたく終りと思いきや、ミステリ映画風に言えば大どんでん返しがある。

二人きりになった時、シャーリー・マクレーンが思いつめた表情でオードリー・ヘプバーンに告白する。本当は、あの子供が言ったように、ずっとあなたのことが好きだった、と。まだ同性愛が社会で認められていなかった時代のこと、告白したシャーリー・マクレーンは罪の意識にとらわれ、打ちひしがれる。

一方、オードリー・ヘプバーンのほうも衝撃を受ける。心を静めるように、庭に出る。一人、木々のあいだを歩く。そのうち部屋に置いてきたシャーリー・マクレーンのことが気になる。もしや。あわてて部屋に向かって走り出す。

ここからオードリー・ヘプバーンが部屋にたどり着き、鍵のかかったドアを打ち破り、部屋のなかに入って、首を吊ったシャーリー・マクレーンを発見するまでの約五分間は、この映画のクライマックス。

庭を歩いていたオードリー・ヘプバーンが不安そうに部屋を振返る。はっとして走り出す。走る姿と顔のアップのカットが積み重ねられる。そして部屋に飛び込む。まさに編集のお手本でこの数分は息を呑む。

これを手がけたのがハル・アシュビー。シャーリー・マクレーンはその手腕に惚れ込んで『チャンス』の難役を引受けたのだろう。

どう難役なのか。ピーター・セラーズ演じるおよそ浮世離れした無垢な男、チャンスは、ある時、アメリカ大統領（ジャック・ウォーデン）のよき助言者である大富豪（メルヴィン・ダグラス）に、その無垢ゆえに気に入られ、屋敷で暮すようになる。

大富豪には年齢の離れた若い妻がいる。夫と同じように、子供のようなチャンスが好きになる。演じているのはシャーリー・マクレーン。彼女はある夜、チャンスと寝ようとする。ところがチャンスは、およそセックスに関心がない。彼の口癖は、「僕はテレビを見るのが好き」「見るのが好き」(I like to watch)。

大人の女性であるシャーリー・マクレーンはこの「見るのが好き」の意味を誤解する。子供のようなチャンスは、女性とセックスをするよりも、女性がマスタベーションをするのを見るのが好きなのだ、と。

そして、チャンスのために演じてみせる！

ハリウッドのメジャー映画で、大女優がマスタベーションをするのは、知る限り、これが初めて。正直、驚いたが、これは演技に自信のあるシャーリー・マクレーンだからこそ出来たのだろう。それにシリアスではなくコミカルな場面だったから抵抗は少なかったかもしれない。

大女優がマスタベーションを演じて見せたからだろうか、そのあと、マスタベーションは女優に抵抗はなくなったようだ。といってシャーリー・マクレーンのように堂々と、かつ、コミカルに演じてみせたわけではなく、あくまでもセリフのなかでだが。

記憶に残る作品が二本ある。

ひとつは、リチャード・マーカンド監督のサスペンス『白と黒のナイフ』(85年)。グレン・クロウズ演じる弁護士が、妻殺しの罪に問われたジェフ・ブリッジスの弁護を引受ける。しかし、いまひとつ、彼の正体が分からないので、私立探偵(名傍役ロバート・ロッジア)を雇い、探らせる。

ある夜、私立探偵が調査の報告をしようとグレン・クロウズの家を訪れると、彼女は一人、暗い部屋にいる。そこで皮肉屋のロッジアが言う。「そんなところでマスタベーションをしているのかね」。

もう一本は、スコット・トゥロー原作、アラン・J・パクラ監督の『推定無罪』(90年)。夫のハリソン・フォードにないがしろにされている妻のボニー・ベデリアがマスタベーションについて名言を吐く。「不満な妻の唯一の慰めよ」。

(2019・2・19)

第19周

『チャンス』の話から…ナタリー・ポートマン、『シェイプ・オブ・ウォーター』…モンローの『七年目の浮気』につながりました。

『チャンス』（79年、ハル・アシュビー監督）で大女優シャーリー・マクレーンが演じて驚かせた女性のマスタベーションだが、二十一世紀に入ると、もう珍しい場面ではなくなった。

まず、すぐに思い出すのは、ナタリー・ポートマンがアカデミー賞主演女優賞を受賞したダーレン・アロノフスキー監督の『ブラック・スワン』（10年）だろう。

ニューヨーク・シティ・バレエ団の若きバレリーナ、ナタリー・ポートマンは、新シーズンのオープニングを飾る「白鳥の湖」の主役を演じたいと思っている。

しかし、この作でプリマを踊るには、清純な白鳥だけではなく、奔放な黒鳥の二役をこなさなければならない。

芸術監督（ヴァンサン・カッセル）に、「きみは白鳥を演じることは出来るかもしれないが黒鳥の激しい感情は表現出来ない」と言われてしまう。母親と二人暮らしで、私生活では真面目な優等生の彼女には、白鳥と黒鳥の両方を踊るのは無理だという。激しい恋愛におちたこともないし、性欲に身をまかせたこともない彼女には「白鳥の湖」は踊れない。

落ち込む彼女に、芸術監督は冗談まじりに言う。「自分で慰めてみたら」。彼としては、彼女のお固いモラルを壊したかったのだろう。

その夜、彼女は家に帰ると、過保護気味の母親（バーバラ・ハーシー）の目が届かない自分の部屋のベッドで自分を慰めてみる。


ナタリー・ポートマンの場合、白鳥が黒鳥になるための儀式としてのマスタベーションで、そこには本当は白鳥である彼女が黒鳥になろうとする無理、罪悪感が感じられて、痛々しかった。

ところが、近年の映画では、もうそうした罪悪感はなくなる。一人暮らしの女性にとってはマスタベーションはごく自然な、日常生活の一部になっている。

二〇一八年のアカデミー賞作品賞を受賞したギレルモ・デル・トロ監督の『シェイプ・オブ・ウォーター』。

ヒロインのサリー・ホーキンスは冒頭、朝起きて、研究所に清掃の仕事に出かける前にバスに入る。バスタブのなかで裸身を横たえ、指を跨間に持ってゆく。毎朝の日課のようにごく自然に。

物語は一九六〇年代のはじめに設定されているが、二十一世紀の現代の映画なので、表現も「大胆」から「自然」になっている。

『シェイプ・オブ・ウォーター』は、人間の女性が、両棲人間に恋をする、いわゆる「異類婚」の物語だが、この映画のアマゾンから連れてこられたという〝彼〟は、シニアの映画ファンには、モンスター映画の古典になっている一九五四年公開のユニバーサル映画、ジャック・アーノルド監督の、『大アマゾンの半魚人』の怪物を思い出させる。

原題は“Creature from the Black Lagoon”（黒い沼から来た生き物）で、“Creature”を「半魚人」と訳したのが凄い。映画のなかでは“Gill Man”（エラ男）と呼ばれている。「半魚人」のほうが迫力がある。

『大アマゾンの半魚人』は低予算の映画だったがアメリカでは大ヒット。モンスター映画史にいまも名を残している。特に半魚人が、ジュリー・アダムス演じる女性探険隊員が、白い水着姿で沼で泳いでいるところを横抱きにする写真は、一九五〇年代のアイコンのひとつとして有名になった。

ビリー・ワイルダー監督の『七年目の浮気』（55年）で、マリリン・モンローが、トム・イーウエルと、ニューヨークの映画館、レキシントン街にあったトランス・ラックス劇場で『大アマゾンの半魚人』を見ることはよく知られている。

モンローが「あの怪獣、かわいそう。顔は怖いけど、心は優しいわ」と感想を言うのは、彼女の優しさをよく表している。

『大アマゾンの半魚人』を観たあとモンローはレキシントン街を歩く。そこであまりに有名な、白いスカートが地下鉄からの風によってあおられ下着が見えるセクシーな場面になる。ちなみに私見では、モンローがここで純白のワンピースを着ているのは、明らかに『大アマゾンの半魚人』でジュリー・アダムスが、真白なワンピースの水着を着ていたのを意識している。白は、赤よりもピンクよりも実はもっともセクシーな色である。

（２０１９・３・５）

第20周

『七年目の浮気』の話から…ディマジオ、『さらば愛しき女よ』…『刑事コロンボ』シリーズにつながりました。

『七年目の浮気』（55年）で誰もが知っている場面は、マリリン・モンローの白いドレスが地下鉄の風によって巻き上げられ、下着が見えてしまうというセクシーな場面だが、監督のビリー・ワイルダーは、この場面をマンハッタンのレキシントン街で撮影した。

当然、大勢の見物人が集まった。なかには野卑な野次を飛ばす見物人もいただろう。その場に、マリリン・モンローの当時の夫、ニューヨーク・ヤンキースの強打者、ジョー・ディマジオがいた。新婚早々のディマジオは、妻がいくら女優とはいえ、町なかで無神経で下品な男たちの目にさらされるのが耐えられなかった。グラマー女優と結婚した宿命とはいえ、ディマジオは、この光景に屈辱を覚えた。無理もない。

そして、結婚後、九ヶ月にして離婚してしまった。言うまでもなくジョー・ディマジオは、一九四〇年代に活躍したヤンキースの強打者。その背番号5は、ベーブ・ルースの3、ルー・ゲーリックの4、ミッキー・マントルの7と共にヤンキースの永久欠番になっている。

そのディマジオのファンだったのは、御存知、レイモンド・チャンドラー原作、ディック・リチャーズ監督『さらば愛しき女よ』（75年）の私立探偵、ロバート・ミッチャム演じるフィリップ・マーロウ。

原作にはないが、映画のなかでミッチャム＝マーロウは、一九四一年五月十五日から始まったディマジオの連続ヒットがいつまで続くか、それを気にしている。

当時、ディマジオの連続ヒットは全米の関心事で、ディマジオがヒットを打つと野球中継以外のラジオ番組でも、それを報じたという。『さらば愛しき女よ』の最後で、ミッチャム＝マーロウが語るように、ディマジオの連続ヒットは七月十七日、クリーブランド・インディアンズ戦のナイトゲーム、五十七試合目に止まった。

ディマジオは、一九五一年に引退後、五四年にモンローと結婚し、華やかな話題になったが、前述したようにわずか九ヶ月後に離婚した。

ただ、ディマジオはモンローのことを愛し続けたようで、一九六二年にモンローが死去したあと、ロサンゼルスのモンローの墓に毎日、花を供え続けたという。

『さらば愛しき女よ』は、チャンドラー映画のなかでは傑作で、私などの世代にとっては、ロバート・ミッチャムのマーロウのほうが、ハンフリー・ボガートのマーロウよりも印象に残っている。

この映画には、若き日のシルヴェスター・スタローンがチンピラの役で出演しているのがよく知られているが、ハードボイルド小説ファンには、意外や、作家のジム・トンプソンが端役で出ているので注目されている。

ジム・トンプソンはスタンリー・キューブリック監督の『現金《げんなま》に体を張れ』（56年）の脚本、サム・ペキンパー監督の『ゲッタウェイ』（72年）の原作者として知られる。

とくに『現金に体を張れ』でのキューブリックとの共同脚本（原作はライオネル・ホワイト）で名を挙げた。

この映画は、スターリング・ヘイドン演じる主犯の下に、競馬場の売上げ金強奪を描く犯罪映画だが、なかでも印象に残るのは、犯人グループの狙撃の名手。この狙撃者がレース中の馬を撃ち、競馬場内が騒然とする隙に、売上げ金を強奪する。

この重要な狙撃者を演じたのがティモシー・ケリー。いかにも曲《く》せ者の面構えで、この一作で名前を覚えた。

その後、一九七三年の小粋な犯罪映画、ジョン・フリン監督の『組織』（ロバート・ライアンの遺作）にも小ボス役で出演しているが、七〇年代のティモシー・ケリーでなんといっても記憶に残るのは、御存知『刑事コロンボ』シリーズ。

準常連の出演者。コロンボがよく立ち寄る食堂の親爺で、メキシコ料理のチリを提供する。あの迫力あるスナイパーが、安食堂の親爺かとはじめは驚いたが、何度か観るうちに（毎回の出演ではないが）、これはこれでいいかなと落着いて観られるようになった。

『刑事コロンボ』のピーター・フォーク演じるコロンボは、少しだけだがピアノを弾けるのを御存知だろうか。

ジョン・カサヴェテスが、犯人の指揮者を演じた第十作『黒のエチュード』（72年、ニコラス・コラサント監督）。コロンボが、若い女性殺人事件の犯人カサヴェテスを追って、コンサート・ホールに行く。

ステージにピアノがあったので戯れにピアノを弾く。『チョップ・スティックス』。ピアノの練習曲のような遊びの曲。左右の人差し指で弾くので、はしのように見えることからチョップ・スティックと呼ばれている。

この曲、『七年目の浮気』でマリリン・モンローが戯れに弾いた曲である。

次回、再び『七年目の浮気』に戻ろう。

（２０１９・３・19）

第21周

もう一度『七年目の浮気』の話から…ラフマニノフ、『アパートの鍵貸します』…デヴィッド・リーン監督の『逢びき』につながりました。

ビリー・ワイルダー監督の『七年目の浮気』（55年）の音楽といえば、マリリン・モンローが戯れに弾く『チョップ・スティックス』の他に、もう一曲よく知られているのが、ラフマニノフの『ピアノ協奏曲第二番』。

憂愁を帯びたロマンティックな曲で、ロシアの作曲家ラフマニノフ（一八七三～一九四三）の代表作。

夏休み、家族が避暑に行き、ニューヨークのアパートに一人、取残された中年男トム・イーウェルは、同じアパートにいるキュートなグラマー、マリリン・モンローと知り合う。

自分の家に招待する。当然、よからぬことを妄想する。この可愛い女性をうまく口説き、あとはよろしくことに……。

そこで部屋の雰囲気を盛り上げようと、レコードを用意する。それがラフマニノフの『ピアノ協奏曲第二番』。この甘美な曲を聴いたら、夢の中から現われたような女性も心をとろけさすに違いない。

ちなみにこの映画のマリリン・モンローには役名がない。あくまでも〝ザ・ガール〟。つまりはそもそも中年男の妄想のなかの女性なのだろう。

ワイルダーはなぜ『七年目の浮気』にラフマニノフの『ピアノ協奏曲第二番』を使ったのか。この曲が有名になったのは、なんといっても恋愛映画の名作、ノエル・カワード原作、デヴィッド・リーン監督の『逢びき』(45年)のテーマ音楽として使われたため。

それぞれ家庭のある男女(トレヴァー・ハワードとシリア・ジョンソン)のつかのまの恋は、結ばれることなく幕を閉じるのだが、その悲恋に、メランコリックなこの曲がよく合った。『逢びき』といえばラフマニノフの『ピアノ協奏曲第二番』となった。

ビリー・ワイルダーは当然、『逢びき』を観ていて、『七年目の浮気』のコミカルな悲恋にラフマニノフを使った。言わば『逢びき』のパロディである。

ワイルダーが『逢びき』に影響を受けたことは、『アパートの鍵貸します』(60年)を作ったことからもうかがえる。

『逢びき』の、道ならぬ恋をする二人を悩ませた問題は、二人きりでひそかに会う場所がなかったこと。日本の連れ込みホテルのようなものはイギリスにはない。ある時、トレヴァー・ハワードは、友人のアパートを借り、そこにシリア・ジョンソンと行くのだが、生憎、友人が予定を変更して戻ってきてしまったため、二人は結ばれない。

一九四〇年代のイギリスでは恋人たちは密会の場所を探すのに苦労した。それは六〇年代はじめのニューヨークでも変らない。

そこで考えられたのが『アパートの鍵貸します』。言うまでもなく、しがないサラリーマンのジャック・レモンが、浮気を楽しむ上司たち（フレッド・マクマレイら）のためにアパートの自分の部屋を提供する。鍵を渡す。『アパートの鍵貸します』の背景には明らかに『逢びき』がある。

『逢びき』は一九四五年の映画。

一九四五年といえば第二次世界大戦が終わった年。『逢びき』は、戦争が終わったあとの映画なのか、それとも戦争末期の映画なのか。これについては大多数の日本の観客は、戦後と思っているのではないか。私もそう思い込んでいた。

二人の主人公の周囲にはまるで戦争の影はない。空襲はないし、食料不足もない。それどころか二人は、映画館で映画を楽しみ、レストランで食事をする。もう戦争は終わったとしか思えない。

ところが。

驚くべき事実がある。これは日本ではこれまで語られなかったことではないか。

『逢びき』のＤＶＤは、二〇一〇年に紀伊國屋書店から発売されている。その特典映像のなかで、主人公の二人が出会う駅のカフェで働いている少女を演じたマーガレット・バートンがこんな回想を語っている。

あの駅はロンドンから離れていたので戦争末期、灯火管制が敷かれていなかったのでうまく撮影出来た、と。つまり『逢びき』は、戦後ではなく戦争末期に撮影されていた！　当然、物語も、戦後ではなく戦時中ということになる。これは驚くに足る事実だった。当時の日本の評論家はほとんどが戦後の物語と思っていたのではないか。

それほど二人が歩く町の様子はのどかで、戦争を感じさせない。おそらくこれは、戦争末期、もうイギリス国民のあいだに、この戦争は自分たちが勝ったという思いがあり、余裕を持っていたからなのだろう。

（2019・4・2）

第22周

デヴィッド・リーン監督『逢びき』の話から…
林芙美子、シューベルトが好きな黒澤明…
『未完成交響楽』につながりました。

デヴィッド・リーン監督の『逢びき』は日本では昭和二十三年、一九四八年に公開され大評判になった。

作家にも影響を与えた。林芙美子の昭和二十五（一九五〇）年の作品『茶色の眼』は、妻のいる中年の会社員が、同じ会社で働く、戦争で夫を亡くした未亡人と恋におちる物語で、明らかに『逢びき』の影響を受けている。

作品のなかにも『逢びき』の名が出てくる。

主人公の中川十一氏は、妻と倦怠期にある。子供はいない。同じ会社にいる相良さんという女性に好意を持つようになる。相良さんのほうも、十一氏にやさしくしてくれる。

そんな折、十一氏は若い社員に誘われて『逢びき』を観る。主人公の女性が相良さんに似ているように思う。『逢びき』のなかで二人が、三度接吻したことも憶えている。

ある昼休み、銀座に散歩に出た十一氏は、偶然、相良さんに会う。一緒に入った喫茶店内には音楽が流れていて相良さんは言う。「これ、ラフマニノフのピアノ協奏曲の第一番、私、とても、これ好きなンですの……」。林芙美子は「第二番」ではなく、「第一番」と間違えて書いているが、『逢びき』の影響は明らかだろう。

林芙美子の『茶色の眼』は映画化されている。成瀬巳喜男監督の『妻』(53年)。脚本は井出俊郎。中川十一氏は上原謙、妻は高峰三枝子、そして未亡人の相良さんは丹阿弥谷津子。

原作どおり、二人が銀座の喫茶店に入る場面がある。ただし、曲はラフマニノフの『ピアノ協奏曲』ではなく、ラロの『ヴァイオリン協奏曲』に変えられている。『逢びき』のイメージから離れたかったのだろう。

二人が入る喫茶店は銀座の西銀座交差点近くにあった「カフェ・ド・ランブル」。長く、名曲喫茶として人気があった。私も何度か行ったことがある。毎日のように来ているらしい常連の老人がいて楽譜を見ながら、指を立てて指揮をしているのが名物になっていた。

喫茶店が都市生活のなかに普及してゆくのは昭和に入ってから。とくにモダン都市東京で増えた。大正の頃までは東京の喫茶店の数はせいぜい七十軒ほどだったのが、昭和八(一九三三)年に二千五百軒に増えた。

昭和十(一九三五)年には『小さな喫茶店』がヒットした。♪二人は/お茶とお菓子を前にしてっていった。

……。喫茶店は単にコーヒーを飲ませる場所というより、都市生活にとって憩いの場所になっていった。

まだ東京のあちこちに焼跡が残っていた昭和二十二（一九四七）年の黒澤明監督の『素晴らしき日曜日』では、貧しい恋人たち、沼崎勲と中北千枝子は、焼跡で夢を語り合う。

二人の夢は、いつか喫茶店を持つこと。名前は「ヒヤシンス」。おいしいコーヒーを安く売るカウンターがあって、客の目の前でコーヒーを入れる。「ケーキも忘れないで。恋人たち用のテーブルも用意するの」「蓄音機もいるな。売りものは主人自慢のコーヒーと、女房自家製のかわいいお菓子」。

貧しい恋人たちのささやかな夢が微笑ましい。喫茶店を持つことが夢だった時代が確かにあった。

黒澤明はシューベルト好き。『天国と地獄』（63年）では、『ピアノ五重奏曲「鱒」』が流れるし、『八月の狂詩曲《ラプソディー》』（91年）では、子供たちの歌う『野ばら』がラストシーンを盛り上げた。

そしてきわめつけは、『素晴らしき日曜日』。最後、夜の、人の誰もいない日比谷野外音楽堂で、沼崎勲が中北千枝子を前に、『未完成交響曲』を〝指揮〟する。すると、どこからともなく、シューベルトの名曲が聞えてくる。あまりにも有名な場面。

シューベルトの伝記映画といえば、映画史に残るドイツ・オーストリア映画、ヴィリ・フォルスート監督の一九三三年の『未完成交響楽』が知られる。シューベルトをハンス・ヤーライが演じた。

日本では昭和十年、一九三五年に公開されている。小津安二郎監督のトーキー第一作『一人息子』（36年）では、息子の日守新一が信州から出て来た母親の飯田蝶子を東京見物に案内し、お堀端の帝国劇場（明治四十四年に開館）でこの『未完成交響楽』を観る。精一杯の親孝行である。

スクリーンでは、ハンス・ヤーライ演じるシューベルトが、マルタ・エゲルト演じる恋人の脚に口づけをする。そこでマルタがソプラノで歌う。日守新一が「お母さん、これがトーキーですよ」と声を掛けるが、母親の飯田蝶子は旅の疲れからか居眠りをしている。微苦笑を誘われる。

（2019・4・16）

第23周

シューベルトが使われた『男はつらいよ』の話から…宮崎駿の『風立ちぬ』…隅田川のポンポン蒸気につながりました。

シューベルトは『男はつらいよ』にも使われている。

第二十作『男はつらいよ 寅次郎頑張れ！』（77年、藤村志保主演）で実にユーモラスにシューベルトの歌曲が登場する。

東北から出てきて柴又の大衆食堂で働いている大竹しのぶが紆余曲折あって、長崎県平戸出身の電気工の若者、中村雅俊と結ばれることになる（ちなみに、渥美清の寅は、この若者の姉、藤村志保に惚れる）。

二人の婚約を祝う会が「とらや」で開かれる。タコ社長、太宰久雄や博、前田吟も出席し、酒が入り、にぎやかに民謡が歌われる。

そこで、大竹しのぶが働く食堂の主人が、では、私も一曲と、立ち上がる。一同、また民謡だろうと手拍子ではやしたてる。

そこで食堂の主人が歌い出したのは、なんとシューベルトの歌曲『菩提樹』。それもドイツ語で。声も、みごとなもので、手拍子をしていた一同、しゅんとなってしまう。

食堂の主人とシューベルトというアンバランスが笑いを誘った。

この主人を演じたのは俳優ではなく、築地文夫という本職のテノール歌手。うまい筈だ。

『菩提樹』はシューベルトの歌曲集『冬の旅』のなかの一曲だが、宮崎駿のアニメ『風立ちぬ』(13年)には、『冬の旅』が流れてくる場面がある。

戦前、三菱の飛行機技師としてドイツに留学した主人公の堀越二郎は、ドイツで彼我の技術の差を思い知らされ、落ち込む。

ある夜、同じ日本人の留学生と、憂いを振払おうと夜の町に散歩に出る。ある家の二階からレコードの音が聴こえてくる。

それが『冬の旅』。二人は、その寂しい曲が、いまの自分たちの気持ちを歌っているように思えてくる。

この時代の日本で、シューベルトが若い世代に親しく聴かれていることが分かる。『風立ちぬ』と同じように昭和戦前期の物語、谷崎潤一郎の『細雪』には、蒔岡家の美しい雪子が列車のなかで、若い兵隊の歌うシューベルトの『野ばら』に唱和するくだりがある。

最近の映画でシューベルトの曲が流れた印象的なものとしては、ロベルト・アンドー監督の『修道士は沈黙する』(16年)がある。

トニ・セルヴィッロ演じる主人公の修道士が、最後に世界のトップの経済人たちと別れ、犬を連れて去ってゆく時、シューベルトのピアノ曲『楽興の時』が流れる。

ロベルト・アンドー監督はインタビューでシューベルトが大好きと答えている(劇場プログラムによる)。

ミヒャエル・ハネケ監督もシューベルト好きではないか。

『ピアニスト』(01年)では、イザベル・ユペール演じるピアノ教師は、生徒にシューベルトを教えるとき、「シューベルトは激しさよ!」「シューベルトはとても極端なのよ」と叱った。日本ではシューベルトは、「愛を歌うと悲しみになる、悲しみを歌うと愛になる」と評されるように抒情的な音楽家と思われているが、ハネケは、むしろ、シューベルトの「激しさ」「極端」を強調したのが、新鮮だった。

ハネケの大傑作『白いリボン』(09年)でも、村の領主である男爵夫人は、息子にシューベルトを教える時、「シューベルトは難しいのよ」と言っていた。

『風立ちぬ』に戻ろう。

この映画は、昭和戦前期の物語なので、懐かしいものがいくつか出て来る。

例えば、堀越二郎が「シベリア」という菓子を食べているのも時代を感じさせる。羊羹をカステラで挟んだ三角形のお菓子。昭和二十年代まで、子供には御馳走だった。なぜシベリアなのかは諸説ある。シベリアの人が作った。シベリア帰りの人が広めた。白いカステラに黒い羊羹。それがシベリアの雪原を走る鉄道に似ている、などなど。

グルメで知られた古川緑波は食のエッセイ『ロッパ食談』(東京創元社、一九五五年)で、大正時代、早稲田中学の学生だった頃、ミルクホールでよくシベリアを食べたと書いている。大正時代からあったようだ。

高見順の長篇小説『如何なる星の下に』(単行本は昭和十五年)には、昭和十三(一九三八)年頃、浅草で暮す「私」がミルクホールでシベリアを注文している。

『風立ちぬ』には、もうひとつ嬉しいものが出てくる。

隅田川を走っていたポンポン蒸気(一銭蒸気)。関東大震災のあと、堀越二郎は深川に下宿している。そこに故郷から妹が訪ねてくる。妹が浅草あたりに住む親戚の家へと帰る時に、二人はこの隅田川をさかのぼるポンポン蒸気に乗る。

次周は、これについて書こう。

(2019・4・30)

第24周

宮崎アニメ『風立ちぬ』から…成瀬巳喜男作品、山本富士子主演『如何なる星の下に』まで、今回は、隅田川、佃の渡しづくしです。

宮崎アニメ『風立ちぬ』（13年）で、飛行機の設計を夢見る堀越二郎は、青年時代、関東大震災後の東京で、訪ねてきた妹と共に隅田川を走る「一銭蒸気」に乗って、深川から浅草に行った。

「一銭蒸気」は、昭和のはじめ、隅田川を運行していた乗合い船で、いわば水上バス。蒸気船が乗客を乗せた客船を曳いて走る。明治の中ごろに運航が開始され、当初の運賃が一銭だったので「一銭蒸気」と呼ばれた。川を行く蒸気船だったので「川蒸気」とも。

昭和前期が全盛期で、下町の人々にとっては日常生活に欠かせない足になっていた。『風立ちぬ』は、それを踏まえている。

同時代の映画でこの「一銭蒸気」が出てくるものとして、昭和十（一九三五）年の成瀬巳喜男監督『乙女ごゝろ三人姉妹《きょうだい》』がある。川端康成作『浅草の姉妹』の映画化で、浅草に暮らす三人姉妹（細川ちか子、堤真佐子、梅園竜子）を描いた庶民劇。

このなかに、人に使われて「門付け」（いまでいう「流し」）をしている可愛い娘（三條正子）が出てくる。

三味線を持って酒場やカフェに行き、お客に「歌わせてよ」と声を掛ける。修業中の身なので、なかなか客がつかない。

ある時、気晴しに「一銭蒸気」に乗る。川風が、落ち込んだ心を慰めてくれる。ちょっとした行楽気分になる。

当時、船のなかでは行商人が食べ物や土産物、本や雑誌を売っていた。この日は、若い女性が、新しい薬を売っていて、まず試供品を配る。三條正子は、無料だと知って「わたしにも頂戴」と言って、貰い受け、薬を大事そうに帯のあいだにしまう。あとで仲間の一人が病気になった時、それを飲ませる。微笑ましい。

成瀬巳喜男は、同じ昭和十年の作品、『噂の娘』でも、「一銭蒸気」を登場させている。

千葉早智子（私生活で、のちに成瀬巳喜男と結婚することになる）演じる下町の酒屋の娘が、ある時、「一銭蒸気」に乗る。船は、関東大震災のあとに隅田川に架けられた震災復興橋梁のなかでももっとも美しいとされるアーチ橋、清洲橋をくぐって浅草へと向かう。蒸気船のポンポンという音がかなり大きく聞える。「ポンポン蒸気」とも言われたのもうなずける。

この「一銭蒸気」は戦後、水上バスになる。

清水宏監督の遺作となった母ものの秀作『母のおもかげ』（59年）では、母親を失くした子供

（毛利充宏）の父親（根上淳）は、隅田川を運航する水上バスの運転手だった。

隅田川を走った蒸気船と言えば、「佃の渡し」がよく知られている。昭和三十年代まで東京の真ん中を渡し船が走っていた。

中央区の築地明石町と、隅田川に浮かぶ佃島を結ぶ。蒸気船が客船を曳いて走る。所要時間は五、六分。東京都の経営で無料だった。

「佃の渡し」は映画のなかに実に数多く登場する。早い例は、成瀬巳喜男監督の昭和八（一九三三）年のサイレント映画『夜ごとの夢』。栗島すみ子演じる主人公は、子供を抱えてカフェで働く女性。佃島に住んでいる。カフェに働きに行く時に、蒸気船に乗る。

エノケンも美空ひばりも佃の渡しに乗っている。エノケン、榎本健一は、終戦直後の明朗青春映画『幸運の仲間』（46年、佐伯清監督）で。美空ひばりは、少女時代の作品『ひばりの悲しき瞳』（53年、瑞穂春海監督）で。人気スターが乗っているのだから、「佃の渡し」は東京の名所になっていたのだろう。

成瀬巳喜男は、高峰秀子が銀座のバーで働く女性を演じた『女が階段を上る時』(60年)でも佃の渡しを登場させている。

高峰秀子の実家は佃島にある。ある時、病気で寝込んでしまった彼女を見舞いに、バーの経営者の細川ちか子が佃島にやって来る。渡し船に乗って佃島に来た細川ちか子は、あたりの古い町のたたずまいに、「東京にもまだこんなところがあるのね」と高峰秀子に語りかける。

佃島は、下町に位置しながら、関東大震災でも東京大空襲でも被害が少なかった。そのため古い町並みが残っていた。映画のロケ地に選ばれることが多かったのは、そのため。

佃の渡しは、東京オリンピックのあった昭和三十九年(一九六四年)に、佃大橋が完成したことで役目を終えた。

昭和三十七年公開の豊田四郎監督『如何なる星の下に』では、築地でおでん屋を開いている山本富士子が、佃島に住む友人の乙羽信子を訪ねる時に佃の渡しに乗る。

豊田監督は、佃の渡しがなくなることを知って、その最後の姿をとらえようと、佃島でロケしたという。

(2019・5・14)

第25周

佃の渡しの話から…勝鬨橋、『銀座カンカン娘』…『幸福の黄色いハンカチ』につながりました。

佃の渡しが出てくる忘れ難い映画がある。この映画を御存知の方がいればうれしい。独立プロの地味な作品であまり語られることがないから。『愛すればこそ』。

昭和三十（一九五五）年公開。オムニバス映画で、三話から成る。第一話「花売り娘」（乙羽信子主演、吉村公三郎監督）、第二話「とびこんだ花嫁」（香川京子主演、今井正監督）、第三話「愛すればこそ」（山田五十鈴主演、山本薩夫監督）。

第一話「花売り娘」に佃の渡しが出てくる。乙羽信子演じる主人公は、銀座のバーで働いている。夫に甲斐性がなく苦労が絶えない。それでも優しい女性で、店に花を売りにくる貧しい少女（町田芳子）から花を買ってやる。

苦労の甲斐なく夫は自殺してしまう。気落ちした彼女は店をやめ、家に引きこもる。家は佃島にある。

ある日、訪ね人がある。いつか花を買ってやった少女。親切にされた御礼に来た。思いがけない少女の訪問に、落ち込んでいた彼女の心が和む。ふと窓の外を見ると、遠くに見える勝鬨橋がちょうど開いているところ。その姿が彼女と少女を励ましているように見える。

勝鬨橋は、昭和十五（一九四〇）年に完成した震災復興橋梁。隅田川の最下流に架かる。川を大きな船が通行出来るように、はね橋になっている。中央区の築地と月島を結ぶ。原節子と三船敏郎が共演した明朗青春映画『東京の恋人』（52年、千葉泰樹監督）には、勝鬨橋が開く姿が、真近かでとらえられていて、一見の価値がある。

原節子演じる主人公は、絵描きの卵。月島あたりに住んでいる。アルバイトで、銀座に出ては、街頭似顔絵描きをしている。

月島から銀座に出る時、都電に乗る。当時、月島と築地を結んでいた勝鬨線（十一番）。勝鬨橋を渡る。

この橋が開く。開いているあいだ、都電は停車して、待たなければならない。「花売り娘」では、橋から少し離れた佃島から、橋が開くところを遠望したが、『東京の恋人』では、都電の中から目の前の橋がおおいかぶさるように開くところがとらえられていて迫力がある。道路の砂や小石が落ちてくるところなどリアル。

橋はその後、隅田川に大型船が入ってこなくなったこともあり、昭和四十五（一九七〇）年に開かなくなってしまった。従って、『東京の恋人』の、橋が開く場面は貴重な映像資料になっている。

『東京の恋人』の原節子は、前述したように、画家の卵でアルバイトで銀座に出て、似顔絵描きをしている。

もう一人、画家の卵で、アルバイトで銀座に出ては、歌を歌ったり、似顔絵を描いたりした若い女性がいる。『銀座カンカン娘』（49年、島耕二監督）の高峰秀子。世田谷あたりの一軒家に、女友達の笠置シヅ子と下宿している（大家は五代目の古今亭志ん生。十八番のひとつ「疝気の虫」のそばを食べるところを演じてみせる）。若くてお金がないので、暇を見ては、銀座に出て歌を歌い、似顔絵を描く。

歌はいうまでもなく♪あの娘可愛いや　カンカン娘……の『銀座カンカン娘』（佐伯孝夫作詞、服部良一作曲）。この映画で大ヒットし、現在も地下鉄、銀座駅の発車メロディになっているのは御存知のとおり。

ちなみに「カンカン娘」とは何か。諸説ある。「カンカン帽」からとられているとか、ひどいのになると「パンパン」から来ているとか。結局、明るい感じがするので作詞者が考えた造語のようだ。

『銀座カンカン娘』の歌が流れた有名な映画がある。

御記憶だろうか。山田洋次監督の『幸福《しあわせ》の黄色いハンカチ』(77年)。後半、若い武田鉄矢と桃井かおりが、刑務所帰りの高倉健を車に乗せて、妻の倍賞千恵子の住む夕張の炭鉱住宅地に向かう。

車が夕張の町に入ってゆく。と、ある広場で旅回りの劇団の俳優たち(と思われる)が地元の人たちを集めて歌を歌っている。

それが♪あの娘可愛いや。歌が作られてから三十年近くたっているのに、いまだに北海道の炭鉱町で親しまれている。

夕張に住む人たちが、聞いている子供も含めて、銀座を知っているかどうかは分からないが、『カンカン娘』の明るい響きが、次第にさびれてゆく炭鉱の町に住む彼らを元気づけている。

『幸福の黄色いハンカチ』の原作は、ニューヨークのジャーナリスト、作家のピート・ハミル。次周は、ハミルにつなげよう。

(2019・5・28)

第26周

『幸福の黄色いハンカチ』の原作者ピート・ハミルの話から…『フレンチ・コネクション2』…ヤンキース、ミッキー・マントルにつながりました。

山田洋次監督の『幸福の黄色いハンカチ』（77年）の原作者はニューヨーク、ブルックリン出身の作家でジャーナリストのピート・ハミル。日本版「リーダーズ・ダイジェスト」誌に載ったエッセイを読んで、黄色いハンカチで夫を待つ妻という話から山田洋次が話をふくらませた。

映画が公開された頃は日本ではピート・ハミルはほとんど知られていなかった。知られるようになったのは八〇年代に入って、『ニューヨーク・スケッチブック』（高見浩訳、河出書房新社、一九八二年）が出版されてからだろう。

一九八六年に『ニューヨーク物語』（宮本美智子訳、文藝春秋）が出版された折り、来日したピート・ハミルにインタヴューしたことがある。

面白い話をしてくれた。

ジョン・フランケンハイマー監督の『フレンチ・コネクション2』（75年）のなかに野球の話が出て来る。

麻薬捜査のためフランスに渡ったニューヨークの刑事、ジーン・ハックマンが、相棒となったフランスの刑事、ベルナール・フレッソンに、こんな話をする。

本当は刑事より野球の選手になりたかった。ヤンキースのテストを受けて、受かった。マイナーに入った。入ってみると一人、凄いやつがいる。走れるし、守備はいい。そして、でかいのを打つ。こんな奴にはとても勝てない。それで野球の選手をやめ刑事になった。このすごい奴が誰だと思う、ミッキー・マントルさ。

いい話なのだが、野球のことをまるで知らないフランスの刑事には、ミッキー・マントルといってもまったく分からないのが笑わせる。

ミッキー・マントルは、言うまでもなく一九五〇年代から六〇年代にかけての黄金時代のニューヨーク・ヤンキースで活躍した強打者。背番号7は永久欠番になっている。

このジーン・ハックマンの、野球好きなら記憶に残るセリフを書いたのがピート・ハミルなのだという。本人から聞いたのだから間違いないだろう。

ピート・ハミルは監督のフランケンハイマーと親しく、「ジーン・ハックマンのキャラクターをうまく説明するエピソードが欲しい」と依頼され、このセリフを考えたという。

もっともブルックリン生まれのピート・ハミルは本当はドジャースのファン（ロサンゼルスに本拠地を移す前の）。「だから本当はジーン・ハックマンをドジャースに入れたかったんだが、ヤンキースも知らないフランス人がドジャースを知る筈もないから」やむを得ずヤンキースにしたという。

映画のなかでは、ジーン・ハックマンが「ヤンキースを知っているか」と聞くと、ベルナール・フレッソンが「ヤンキー、ゴー、ホーム」と答えるのが笑わせた。

映画のなかにミッキー・マントルの名前が出てくる早い例に、ビリー・ワイルダー監督の『昼下りの情事』（57年）がある。

パリに遊びに来た大金持のプレイボーイ、ゲイリー・クーパーが、ある時、サウナに行く。そこでアメリカ人（名傍役、ジョン・マッギヴァー）に会う。こんなことを言われる。「朝からサウナに来るのは元気のない時だ。君が落ち込んでいるのは、ミッキー・マントルが不振だからか」。当時、いかにこのヤンキースの強打者が人気があったかが分かる。

オリヴァー・ストーン監督の『7月4日に生まれて』（89年）では、トム・クルーズがミッキー・マントルの大ファンだった。部屋にポスターを大事に飾っている。

そして、ラジオでミッキー・マントルがホームランを打ったのを聞いてベトナムの戦場へと出兵して行った。

ミッキー・マントル自身が映画に出演したことがある。知る限り二本ある。

一本は、日本未公開になってしまったが、クローディア・ウェイル監督の『イッツ・マイ・ターン（私の番よ）』（80年）。マイケル・ダグラスが恋人のジル・クレイバーグに「俺は、ミッキー・マントルと一緒にヤンキースでプレーしたことがあるんだぞ」と自慢する。するとミッキー・マントル本人が、当時のヤンキースのエース、ホワイティ・フォードと共に出てくる。

ミッキー・マントルが出演したもう一本の映画は、ケイリー・グラント、ドリス・デイ主演のニューヨークを舞台にしたコメディ『ミンクの手ざわり』（62年、デルバート・マン監督）。

失業中のドリス・デイが大金持のケイリー・グラントに見染められる。二人はある時、ヤンキー・スタジアムに行く。ベンチが映る。なんと本物のミッキー・マントルと同僚のロジャー・マリスがいる。この映画、最近、嬉しいことに、ディスク・ロードからビデオが発売された。

（２０１９・６・11）

第27周

ヤンキース、ミッキー・マントルの話から…『グリーンブック』『カーネギー・ホール』…チャイコフスキーにつながりました。

ミッキー・マントルとロジャー・マリスのコンビはＭＭ砲と呼ばれた。巨人の王と長嶋がＯＮ砲と呼ばれるようになったのはこれを真似ている。

ロジャー・マリスが出てくる最近の映画がある。二〇一九年のアカデミー賞作品賞を受賞したピーター・ファレリー監督の『グリーンブック』。

黒人の金持のピアニスト（マハーシャラ・アリ）にドライバーとして雇われた白人、ヴィゴ・モーテンセンはイタリアン。ニューヨークのブロンクス地区に妻子、親兄弟と大家族で住んでいる。ブロンクスにはヤンキースの本拠地、ヤンキー・スタジアムがある。当然、この一家はヤンキースのファン。時代設定は一九六二年。この時代のヤンキースは無敵だった。ワールドシリーズで五連覇を成し遂げている。主力はもちろんＭＭ砲。一九六一年には、ロジャー・マリスが、ベーブ・ルースの六十本を上回る六十一本のホームランを打ち新記録を作った。

ブロンクスに住む運転手の一家は、ヤンキースの試合をテレビで見ながら応援に熱が入る。とくにロジャー・マリスが打席に立つと大声で応援する。ヤンキースの良き時代である。

『グリーンブック』では、白人のほうがあまり教養のないロワークラスなのに対し、黒人のほうが知的で金持で洗練されている。その逆転が面白い。

マハーシャラ・アリ演じる黒人のピアニストは豪華なアパートに住んでいる。どこかというとマンハッタンのカーネギー・ホールのなか。ここはホールの上階が住居部分になっている。当然、住むのは金持ばかり。

カーネギー・ホールは、貧しいスコットランド移民から身を起こし鉄鋼王となったアンドリュー・カーネギーが一八九一年に建設したクラシック音楽の殿堂（蛇足だが、「クラシック音楽」は日本語で、英語ではclassical music)。

日本でこのホールが有名になったのは、昭和二十七（一九五二）年に公開された音楽映画『カーネギー・ホール』（47年）によってだろう。

ホールの清掃係からやがて小ホールの支配人となる母親（マーシャ・ハント）と、ピアニスト、作曲家として成功する息子（ウィリアム・プリンス）の親子の愛情を描きながら随所に、名演奏家たちがホールで演奏する姿を見せ、大きな話題になった。

指揮者のブルーノ・ワルター、レオポルド・ストコフスキー、アルトゥール・ロジンスキー、ヴァイオリンのヤッシャ・ハイフェッツ、ピアノのアルトゥール・ルービンシュタイン、歌手のリリー・ポンス……と錚々たる顔ぶれに日本のクラシックのファンは感動した。

この映画の監督は近年、日本でカルト的人気が出て来ているオーストリア出身のエドガー・G・ウルマー。ポー原作、ボリス・カーロフ、ベラ・ルゴシ主演の怪奇映画『黒猫』（34年）やサスペンス『恐怖のまわり道』（45年）など低予算のB級映画で知られるウルマーが、こういうメジャーな音楽映画を作っているのは意外。

『カーネギー・ホール』のDVDは、近年、古い洋画のDVDを次々に発売してオールドファンを喜ばせているジュネス企画から二〇一二年に発売されている。

母親役のマーシャ・ハントが、素晴らしく美しい。私などの世代では、マーシャ・ハントといえば、この映画と、ウィリアム・サロイヤンの『人間喜劇（ヒューマン・コメディ）』の映画化、クラレンス・ブラウン監督、ミッキー・ルーニー主演の『町の人気者』（43年）で知られる。知的で優しい素敵な女優だったが、赤狩りの犠牲になり、出演作が減ってしまったのが悲しい。

映画『カーネギー・ホール』には、マーシャ・ハント演じる母親が、子供時代、はじめてカーネギー・ホールのオープニングを見た時の感動を語る場面がある。アイルランド移民の娘で、母親はホールで清掃の仕事をしていた。その母親を訪ねた時、親切なホールのスタッフが女の子を天井桟敷に連れてゆき、演奏を聞かせてくれた。その時の指揮者は、なんとロシアからやってきたチャイコフスキーだった！

さすがに映画では、ロングでしかその姿をとらえていないが（チャイコフスキーの指揮の映像はないだろう）、幼ない女の子がはじめてクラシックの美しさに感動する気持は伝わってくる。

この時、チャイコフスキーが指揮したのは自ら作曲した『ピアノ協奏曲第一番』。

次周はこの曲につなげよう。

（2019・6・25）

第28周

チャイコフスキー『ピアノ協奏曲第一番』の話から…『冬の華』『ここに泉あり』『レオン』…最後はジャン＝ピエール・メルヴィルにつながりました。

チャイコフスキーの『ピアノ協奏曲第一番』が何度も流れた映画といえば、倉本聰脚本、降旗康男監督の『冬の華』（78年）。

やくざの高倉健が、渡世の義理からやむなく同じやくざの池部良を殺す。相手には幼ない娘がいた。仕方なしとはいえ子供のいる相手を殺した罪の意識から高倉健は、成長してゆくその娘（池上季実子）にひそかに学費を援助する。「足ながおじさん」になる。

ある時、娘からの手紙に「いま名曲喫茶店でチャイコフスキーのピアノ・コンチェルトを聞きながらこの手紙を書いています」とある。

成長した娘の姿を見たくて、出所した高倉健はその名曲喫茶店に行ってみる。美しい曲が流れている。ウェイトレスに「リクエストはありますか」と聞かれた高倉健、池上季実子からの手紙を思い出し「チャイコフスキーのピアノ・コンチェルトを」。するとウェイトレスが「今流れているのがその曲です」。苦笑する高倉健。やくざ稼業にはクラシックは無縁だったのだから仕方がない。

『冬の華』では、池上季実子のテーマ音楽として何度かこの曲が流れる。演奏はクレジットによれば、ウラジミール・アシュケナージ。ロリン・マゼール指揮のロンドン交響楽団。

チャイコフスキーの『ピアノ協奏曲第一番』が印象的に演奏された映画がもうひとつある。水木洋子脚本、今井正監督の、群馬交響楽団の苦闘の歴史を描いた『ここに泉あり』(55年)。

戦後の混乱期に発足した市民フィルハーモニー、群馬交響楽団だが、経営はうまくゆかない。まだ混乱期のこと、市民のあいだにもクラシック音楽を受入れる余裕がない。苦しい状態が続く。そんななか、なんとか大きな演奏会が開かれる。山田耕筰指揮の東京の交響楽団との合同演奏会。曲はチャイコフスキーの『ピアノ協奏曲第一番』。群馬交響楽団のピアニストは、岸惠子演じる若い女性だが、さすがにこの曲は荷が重い。そこで東京から来た実際のピアニスト、室井摩耶子が演奏する。

この時代、東京と地方の差は大きい。岸惠子が、舞台の袖で、室井摩耶子の演奏を羨しそうに見るのが泣かせた。

それでも群馬交響楽団は苦境を乗り越え、成長してゆく。次第に市民の支持も得られる。そして最後に山田耕筰指揮による二度目の合同演奏会が開かれる。

演奏されるのは、ベートーヴェンの『交響曲第九番』。苦闘時代のさまざまな姿がフラッシュ・バックで流れるなか、『第九』が演奏されてゆく。『第九』が使われた、もっとも感動的な映画といっていいだろう。

日本で『第九』が暮れに演奏されるようになるのは『ここに泉あり』のあとぐらいからだろう。倉本聰脚本、降旗康男監督の『駅 STATION』(81年)では、高倉健がレコードでだが、暮れに自分の部屋で『第九』を聞いている。

ベートーヴェンの曲が流れる映画は数多い。とても全てを挙げられない。そんななかでひとつだけ、ユニークなベートーヴェンのファンが出てくる映画を紹介しよう。

リュック・ベッソン監督・脚本の『レオン』(94年)。ゲイリー・オールドマン演じる悪党は意外やクラシックのファン。銃を撃つ時にもイヤホンでベートーヴェンを聞く。

そしてユニークなことを言う。

「ベートーヴェンでいいのは序曲だけだ」

一家言ある。ちなみに、ゲイリー・オールドマンは同時期に『不滅の恋ベートーヴェン』(94年)でこの楽聖を演じている。

『レオン』のゲイリー・オールドマンはこんなこともいう。「モーツァルトは軽い」。なかなかのうるさ型だ。それでも「ブラームスはいい」と認めている。

一方、ブラームスをけなす男もいる。

ゴダールの『勝手にしやがれ』(59年)には、ジャン＝ピエール・メルヴィルが作家として登場して、記者たちのインタビューを受ける。こんなやりとりがある。

「ブラームスは好きか」

「大嫌い」

「ショパンは」

「最低」

この人も、うるさ型のようだ。

『影の軍隊』(69年)ではポール・ムーリス演じるレジスタンスの闘士がベートーヴェンの『交響曲第六番「田園」』を聞いていたからメルヴィルは、この楽聖は嫌いではないようだ。

(2019・7・9)

第29周

ゴダール『勝手にしやがれ』の話から…モーツァルト『クラリネット協奏曲』、アルドリッチ監督『地獄へ秒読み』…最後はマルティーヌ・キャロルにつながりました。

二〇一九年に死去した降旗康男監督の『冬の華』（78年）では、やくざの高倉健が不似合な名曲喫茶で、チャイコフスキーの『ピアノ協奏曲第一番』をリクエストして、ウェイトレスに「今流れているのがその曲です」と言われてしまった。やくざとクラシックのミスマッチが面白い。

ゴダールの『勝手にしやがれ』（59年）にもミスマッチがある。パリのチンピラ、ジャン＝ポール・ベルモンドは意外なことにモーツァルトの『クラリネット協奏曲』が好き。ジーン・セバーグが「あなたがクラシック音楽が好きとは知らなかったわ」と驚くと「この曲だけだ。親父がよく吹いていた」。

ハンフリー・ボガートに憧れるような男が他方でモーツァルトが好きという意外性で印象に残る。

ちなみに『クラリネット協奏曲』は、タヴィアーニ兄弟の『父 パードレ・パドローネ』（77年）、アイザック・ディネーセン原作、シドニー・ポラック監督『愛と哀しみの果て』（85年）に使われている。

アカデミー賞外国語映画賞を受賞したフランス映画、ベルトラン・ブリエ監督・脚本の『ハンカチのご用意を』（78年）では、モーツァルトが大好きな学校の先生、パトリック・ドベールが、恋人のキャロル・ローレを『クラリネット協奏曲』の演奏会に誘う。映画のなかの人気曲だ。

『勝手にしやがれ』では、ベルモンドが映画館でボガートの『殴られる男』（56年）のポスターや写真を憧れの目で見る有名な場面があるが、もう一本、映画が登場する。

ベルモンドがパリの町を歩く場面で、街角に映画のポスターが貼ってある。ロバート・アルドリッチ監督の『地獄へ秒読み』(59年)。日本未公開で、『勝手にしやがれ』公開当時は見過されていたが、その後、ビデオ(VHS)が発売されたこともあり、現在のDVDには『地獄へ秒読み』ときちんと字幕で表示される。

アルドリッチが珍しくヨーロッパで撮った映画で、イギリスのハマー・プロが製作に関わっている(VHSは「ハマー・プロ・コレクション」として発売された)。

第二次大戦直後の荒廃したベルリンに、六人のドイツ兵が帰還してくる。彼らは爆弾処理のプロ。ベルリンの町には連合軍が投下した爆弾の不発弾が多い。それを取り除く仕事にかかわることになる。プロジェクト・チームものという点で、のちの『特攻大作戦』(67年)を先取りしている。

リーダーはジャック・パランス。それと対立するのがジェフ・チャンドラー。悪役の多かったジャック・パランスがヒーローになるのは、前作『攻撃』(56年)を受継いでいる。

爆撃のあとがいたるところに残る町で不発弾の処理が始まる(ベルリンで撮影されている)。危険な仕事だから仲間が次々に死んでゆく。仲間の一人を演じているのはアルドリッチ映画に欠かせない傍役ウェズリィ・アディ。この傍役を知っている人がいたら相当なアルドリッチのファンだ。

仲間が次々に倒れジャック・パランスとジェフ・チャンドラーの二人が残る。最後に残るのはどちらか。

アルドリッチといえば男臭い映画を得意とするが、この映画には紅一点が登場する。ベルリンに住む美しい未亡人（ドイツ人と結婚したフランス人女性）。彼女をめぐってジャック・パランスとジェフ・チャンドラーが争う。

この紅一点を演じるのが意外やマルティーヌ・キャロル！

シニアの映画ファンなら御存知だろう。戦後のフランス映画で活躍した妖艶なグラマー。ブリジット・バルドーが登場するまで、フランスの肉体派と言えばマルティーヌ・キャロルだった。六十代以上の男性映画ファンでこの人を知らない人は、〝もぐり〟と言っていい。

ともかく、よく脱いだ。ハリウッド映画ではまだヌードが御法度だった時代に、『浮気なカロリーヌ』（53年）、『ボルジア家の毒薬』（53年）、『女優ナナ』（55年）などで脱ぎまくった。それだけ裸体が美しく、自信があったのだろう。

私の年齢では、当時まだ小学生だったからスクリーンでは観ることは出来ない。映画雑誌のスチル写真でその大胆なヌードを見ては、「見てはならないものを見てしまった」といううしろめたい思いがしたものだった。

一九六七年、四十五歳の女盛りで、旅行中のモナコで心臓麻痺に倒れ、死去。その墓があばかれたほど人気があった。

『地獄へ秒読み』では残念ながらヌードは見せない。しかし、この映画、撮影に当ってプロデューサーがかなりカットしたというからマルティーヌ・キャロルのヌードもカットされたかもしれない。

（2019・7・23）

第30周

マルティーヌ・キャロルの話から…日本映画の入浴シーンについて、津島恵子、京マチ子、岡田茉莉子、高峰秀子…最後は田中絹代と乙羽信子の『安宅家の人々』につながりました。

まだ女優のヌードが珍しかった昭和二、三十年代、フランスの女優マルティーヌ・キャロルはよくヌードを見せて人気を博したが、日本の女優で当時、ヌードになったのは誰だろう。

当時のことだからもちろんあくまで身体の一部を見せるだけ。

子供の頃に観た映画で記憶に残るのは、阪東妻三郎主演の時代劇『魔像』（52年、大曾根辰夫監督）。津島恵子演じる若い女性の入浴シーンがあった。ただ風呂に入っているだけで、せいぜい肩を見せるだけだが、小学生には充分に刺激があり、忘れられない映画になった。

後年、津島恵子にインタビューする機会があったが（拙著『君美わしく　戦後日本映画女優讃』文藝春秋、一九九六年）、おそるおそる『魔像』の入浴シーンを憶えていますかと聞くと、「ええ、覚えてますね（笑）。それはね、菅原通済《つうさい》さんが会うたびに、あのときはどうしたっておっしゃったもんで、わたしも忘れないんですね。どうしたっていっても、檜のお風呂があって、湯気の感じを出すためにお線香たいて、それで水着を着て」とにこやかに話されたものだった。ちなみに菅原通済は政界の黒幕と称された昭和の実業家。『早春』（56年）『彼岸花』（58年）『秋日和』（60年）など小津安二郎映画によく出演したので知られる。その通済が、津島恵子の入浴シーンにこだわったとは、大人にも刺激的場面だったと分かる。

津島恵子に続いて子供の頃に見た美女の入浴で忘れられないのが、溝口健二監督の『楊貴妃』（55年）。京マチ子演じる中国の天下の美女の入浴シーンがあった。もちろん現在のヌードに比べればはるかに大人しいもので背中と脚を見せるくらいだったが、小学生にはそれだけで充分に刺激的だった。

ちなみに『魔像』は時代劇、『楊貴妃』は歴史劇だから子供でも観ることが出来たのだろう。これが少しあとの、前田通子や三原葉子がヌードになる新東宝映画になると題名からして『海女の戦慄』（57年）や『肉体女優殺し 五人の犯罪者』（57年）なのだからさすがに観るのはばかられた。

同じように当時は観るのをはばかられた、美女の入浴シーンのある映画に舟橋聖一原作、杉江敏男監督の『芸者小夏』（54年）がある。

岡田茉莉子演じる若い芸者の入浴シーンが大きな話題になり、ポスターが盗まれるほどの人気になった。ポスターが盗まれるのはこの映画あたりからではないか。

やはり以前、岡田茉莉子にインタビューした時、これまたおそるおそる『芸者小夏』のことを聞いた。するとさすが大女優、屈託なく、入浴シーンはセット撮影、水着を着て「六一〇ハップ（ムトウハップ）」というお湯が濁る入浴剤を入れ、水着で風呂に入ったと語ってくれた。

これは後追いで観たのだが、林芙美子原作、成瀬巳喜男監督の『浮雲』（55年）では、高峰秀子が森雅之と伊香保の温泉で入浴するシーンがある。高峰秀子の入浴シーンはきわめて珍しい。この時の湯も白く濁っている。もしかしたら『芸者小夏』と同じように「六一〇ハップ」を使ったかもしれない。

高峰秀子にもインタビューしている。そこで聞けばよかったのだが、緊張してしまい、そんな質問はとても出来なかった。あの、さっぱりした高峰秀子さんなら自然に答えてくれたかもしれないが。

これも後追いで観た映画だが、驚くべき入浴シーンのあ

る文芸映画がある。吉屋信子原作、久松静児監督の『安宅家《あたか》の人々』（52年）。文芸映画だから話題にならなかったのか、あるいは当時の真面目な評論家たちが語るのをはばかったのか、語る人が少ないのだが、はじめてこの映画を名画座で観たときには驚いた。

大女優の田中絹代と、その義妹役の乙羽信子が一緒に風呂に入るシーンがあるのだ。

東京近郊の大農場（養豚をしている）の現在の当主（船越英二）は、知的障碍がある。子供のように純粋だが仕事は出来ない。妻の田中絹代がひとりで農場を切りまわしている。もともとは先代のもとで働いていた男の娘。そのため当主の一族は、彼女のことを蔑視している。

そんななかやさしい義妹の乙羽信子は彼女を尊敬している。ある時、二人は旅行に出て一緒に旅館の風呂に入る。無論、二人とも肩のあたりを見せるだけなのだが、田中絹代と乙羽信子の入浴シーンがあったかとうれしく驚いたものだった。

『安宅家の人々』のモデルの農場は神奈川県の大和町（現在の大和市）に実在した。厚木に近い。

では、次周は厚木の農家を舞台にした映画を取り上げよう。

（2019・8・6）

第31周

田中絹代主演『安宅家の人々』の話から…同じ厚木周辺を舞台にした『鰯雲』…最後はワイルダーの『翼よ！あれが巴里の灯だ』につながりました。

田中絹代と乙羽信子の入浴シーンに驚かされた、水木洋子脚本、久松静児監督の『安宅《あたか》家の人々』（52年）の原作者は、当時人気作家だった吉屋信子。昭和二十六（一九五一）年に「毎日新聞」に連載され、好評を博した。

厚木に近い神奈川県高座郡大和町（現在の大和市、小田急線鶴間駅周辺）にあった、三菱財閥の岩崎一族が経営していた大きな養豚場で働く家族の物語。

ちなみに厚木あたりではいまも「とん漬」が名物になっている。これは、高座豚と呼ばれるこのあたりの豚を味噌漬にしたもの。『安宅家の人々』の養豚場は、おそらくこの高座豚を飼育していたのだろう。

安宅家の当主（船越英二）は、純真な心の持主だが、知的障碍があり、田中絹代演じる妻が、農場をほぼ一人で切りまわしている。父親が安宅家の先代につかえていた縁で、いわば恩返しの思いで、知的障碍のある現在の当主に嫁いだ。そのために、親族からは「財産目当て」と蔑視されている。ただ、義妹の乙羽信子だけが優しい。

この映画の田中絹代は、あえて眼鏡をかけてきつい感じを出している。男社会のなかで女手ひとつで養豚場をやりくりする気迫を感じさせる。自ら、もんぺ姿で現場で働く。従業員の先頭に立って働く。

「女性の自立」などという言葉がまだなかった一九五〇年代のはじめ、この女性像は、いま見ても新しいし、力強い。吉屋信子原作ということもあって『安宅家の人々』はメロドラマと語られることが多いが、現在、もっと評価されていい女性映画の秀作だと思う。

美しい女優が、もんぺ姿で働く。

その姿が忘れられない映画としてもうひとつ思い出すのが、成瀬巳喜男監督の『鰯雲』(58年)。淡島千景が、戦争で夫を失った戦争未亡人として、戦後、女手ひとつで農業に取り組んでいる。

田中絹代が、夫を亡くしたあとクリーニング屋を営んでゆく『おかあさん』(52年)と並ぶ、働く女性を描いた秀作。

原作者の和田伝《つとう》は、相模平野の大地主に生まれながら、貧しい農民の暮らしを愛情こめて描いた、いわゆる「農民作家」。

『鰯雲』の舞台は、和田伝の故郷である厚木近郊の農村。『安宅家の人々』の舞台に近い。実際に厚木周辺でロケされている。

現在ではすっかり住宅地になっているが、当時は、小田急線の沿線に農地が広がっている。農地の向うを、昭和二十四（一九四九）年に登場した新宿－小田原間のノンストップ特急「週末特急」（「ロマンスカー」の前身）が走るのが懐しい。

のち、一九七七年の山田洋次監督『幸福の黄色いハンカチ』では、桃井かおりが「ロマンスカー」の車内販売の店員になる。

『鰯雲』の淡島千景演じる主人公は、女学校出。夫は戦争で亡くなった。戦後、未亡人として、女手ひとつで男の子を育て、農業を守ってゆく。

宝塚出身の淡島千景が、もんぺ姿で畑仕事をする姿には感動する。やはり、もんぺをはいて養豚の仕事をしていた『安宅家の人々』の田中絹代の姿に重なる。

「女性の自立」が言われるはるか前に、こういう地に足を着けて働く女性を描いた成瀬巳喜男はやはり素晴らしい。「女性の結婚」ばかりを描いた小津安二郎と大きく違う。

『鰯雲』には、ディテール好きの映画ファンとしては見逃せない場面がある。

淡島千景は、分家の嫁。まだこの時代の農村では本家と分家の差がある。本家（当主は二代目中村鴈治郎）の次男（太刀川洋一）は、町の銀行に勤めている。農業を継ぐ気はない。美しいいとこ（水野久美）と親しくしている。

ある時、町の洋画を上映している映画館に彼女を誘う。銀行員の顔で気易く入れるらしい。

この映画館で上映している映画が凄い。

スタンリー・キューブリック監督の『現金《げんなま》に体を張れ』（56年）と、ビリー・ワイルダー監督の『翼よ！あれが巴里の灯だ』（57年）。現在でも、町の映画館で、この二本を上映していたら飛んでゆきたい。

『現金に体を張れ』については前に触れた。ここでは、『翼よ！あれが巴里の灯だ』を。

言うまでもなく、リンドバーグが一九二七年に成し遂げた、ニューヨーク－パリ間の飛行を描いている。三十三時間かけての単独飛行で、大西洋無着陸飛行に成功した。

戦時中、空軍のパイロットとして従軍したことのあるジェームズ・スチュアートがこの若く、無名だった英雄を好演した。

原題は、愛機に付けられた“The Spirit of St. Louis”（セントルイス魂号）。それを、日本の映画会社（ワーナー）が『翼よ！あれが巴里の灯だ』と名付けた。
みごとな日本語題名。昔の映画会社の人は本当にいい日本語題名を付けたものだった。
（2019・8・20）

第32周

ワイルダーの『翼よ！あれが巴里の灯だ』の話から…『巴里祭』…最後は『オリエント急行殺人事件』につながりました。

ビリー・ワイルダー監督の『翼よ！あれが巴里の灯だ』（57年、原題"The Spirit of St. Louis"）の日本語題名は出色といっていいだろう。「パリ」ではなく古風に「巴里」としたのが、一九二〇年代の物語らしく、ノスタルジックでいい。

日本では「パリ」ではなく「巴里」の時代が確かにあった。なんといっても、ルネ・クレール監督・脚本の『巴里祭』（32年、原題"Quatorze Juillet"）がある。二〇一九年六月、生誕百二十年を記念して4Kデジタル・リマスター版として再上映されたが、フランスの革命記念日である七月十四日を『巴里祭』と訳したのは、名日本語題名として映画史に残っている。

ルネ・クレールには『巴里の屋根の下』（30年）もあるし、ジュリアン・デュヴィヴィエには『巴里の空の下セーヌは流れる』（51年）がある。

パリが日本人にはまだ遠く、それゆえに憧れの芸術の都だった時代、パリは「パリ」ではなく、あくまで「巴里」だった。だから、一九二七年、チャールズ・リンドバーグが、大西洋無着陸単独飛行をなしとげた映画のタイトルも、「巴里」がふさわしい。

『翼よ！あれが巴里の灯だ』は、リンドバーグを演じるジェームズ・スチュアートの一人舞台で、他には有名な俳優はほとんど出ていない。わずかに飛行士仲間としてマーレイ・ハミルトンが目立つくらい。のち『卒業』（67年）でアン・バンクロフトの夫、つまりミスター・ロビンソンを演じたので知られる。

女優もからまないのだが、この映画には、紅一点、場面をさらう若い女性が出てくる。

リンドバーグがいよいよニューヨークの飛行場から愛機で飛びたつことになる。この時、急に鏡が必要になる。すると、見物人のなかにいた若い女性が「これを使って」と自分の化粧用の鏡を差し出す。

この女性を演じたのはパトリシア・スミスという女優。ほとんど無名に近い女優だったが、この役で映画史に名を残すことになった。役名はなく、ただ“Mirror Girl”（鏡嬢）とあるだけなのが面白い。もともと舞台の女優だという。

大西洋無着陸単独飛行に成功したリンドバーグは、一夜明けるとアメリカの英雄となり、ニューヨークに凱旋。ブロードウェイでのパレードは熱狂する市民で埋まった。『翼よ！あれが巴里の灯だ』では最後、その模様を伝えるニュース映画の映像が使われている。

ただ、ビリー・ワイルダーはその興奮で映画を終りにせず、最後の最後、ジェームズ・スチュアート演じるリンドバーグが一人、格納庫におさめられた〝スピリット・オブ・セントルイス号〟を、感謝をこめて静かに見つめるところで終えている。さすがワイルダー。

アメリカの英雄となったリンドバーグだが、五年後、一九三二年に大きな不幸に襲われる。一年八ヶ月になる愛児（男の子）がニュージャージーの自宅から誘拐され、二ヶ月半後、死体となって発見された。犯人は逮捕され、処刑されたが、この悲劇は、全米を悲しみにおとしいれた。

この事件に触発されて書かれたのが、言うまでもなくアガサ・クリスティの『オリエント急行の殺人』（一九三四年）。小説では子供は女の子に、家族は富豪に、そして誘拐の主犯は逃亡した、となっている。

この映画化作品が、イギリス映画、ポール・デーン脚本、シドニー・ルメット監督の『オリエント急行殺人事件』（74年）。

クリスティはそれまでの映画化作品を気に入っておらず、映画化に難色を示したが、製作者がイギリス女王のいとこにあたるジョン・ブラボーンだったこともあって、映画化を承諾。結果として最高のクリスティ映画となった。

『翼よ！あれが巴里の灯だ』と『オリエント急行殺人事件』には、乗り物の映画だけに、共通の忘れ難い小道具が出てくる。

ジェームズ・スチュアート演じるリンドバーグは愛機に乗り込む時、「クリストファーのお守り」を大事に持ち込む。クリストファーとは、聖人、クリストフォロスのことで、幼ないキリストを背負い川を渡ったという伝説から、旅人の守護聖人とされている。トルーマン・カポーティの『ティファニーで朝食を』では、旅行好きのホリー・ゴライトリーが、入院中に、「僕」にこんなことをいう。「もうひとつお願い、私の部屋をひっかきまわして、あなたがくれた聖クリストフォロスのメダルを見つけておいて。旅行にはそれが必要だから」（村上春樹訳、新潮文庫）と言っている。

『オリエント急行殺人事件』では、イスタンブール駅で西へと向かうオリエント急行に乗り込む十二人の乗客の一人、イングリッド・バーグマン演じる信心深いスウェーデン人の婦人が、乗る寸前に「あら、大変、クリストファーのお守りが見当たらないわ」とひと騒ぎする。

幸いお守りはすぐに見つかって彼女は無事にオリエント急行に乗る。いわば十二人を代表して彼女は、これから起る犯罪を神に見守ってもらうことになる。

（2019・9・3）

第33周

オリエント急行を舞台にした『007／危機一発』の話から…ダニエラ・ビアンキ、アニタ・エクバーグ…最後は『甘い生活』につながりました。

オリエント急行が活躍する映画といえば、誰もがまず思い浮かべるのは、テレンス・ヤング監督の『007／危機一発』（現『007／ロシアより愛をこめて』、63年）だろう。ヒッチコックの『バルカン超特急』（38年）も、東欧と西欧を結ぶヨーロッパ大陸横断列車が舞台になっているが、映画のなかでは「オリエント急行」とは明示されていない。架空の国名が出てくることもあって、明示しにくかったのだろう。

『007／危機一発』では、ジェームズ・ボンド（ショーン・コネリー）とソ連情報部のタチアナ（ダニエラ・ビアンキ）がイスタンブールからパリ方向へ向かうオリエント急行に乗り込む。車内でボンドがスペクターの殺し屋（ロバート・ショー）と死闘を演じる。

一九六二年当時は、オリエント急行もかなり老朽化していて、正直、豪華列車の面影はない。むしろ、一九三〇年代のオリエント急行を再現した『オリエント急行殺人事件』のほうが、贅沢に作られている。

イスタンブールとパリを結ぶオリエント急行は一九七七年に廃止になったが、その後、一部の区間が「ベニス・シンプロン・オリエント・エクスプレス」として再運行された。

一九八八年、バブル経済期のさなか、フジテレビが開局三十周年を記念して、このオリエント急行を日本で走らせ、大きな話題になった。西村京太郎の鉄道ミステリ『オリエント急行を追え』は、このイベントに材を得ている。

『007／危機一発』にはヒロインのダニエラ・ビアンキとスペクターの殺し屋、ロッテ・レーニャの他に、もう一人、この時代を代表するグラマー女優が登場するのを御記憶だろうか。といっても本人が出てくるのではなく看板での出演だが。

ボンドがロンドンからイスタンブールに入る。イギリスのために働いているトルコ人の情報員（ペドロ・アルメンダリス）と落合い、協力を得る。このトルコ人には宿敵がいる。ソ連のもとで働いている、ルーマニア人の殺し屋。

彼の隠れ家を突きとめる。ビルの一室に潜んでいる。そのビルにはアニタ・エクバーグの大看板がある。ボブ・ホープと共演した『腰抜けアフリカ博士』（63年）の広告看板。

このアニタ・エクバーグの唇が窓になっていて、殺し屋がそこから出て来たところをトルコ人の情報員が仕留める。

アニタ・エクバーグはスウェーデン出身の超がつくグラマーで欧米の映画界を圧したが、日本でその名が知られるようになったのは、テレンス・ヤング監督、ヴィクター・マチュア主演の『熱砂の舞』（56年）によってだろう。その巨大な胸を揺さぶって踊る（ベリイ・ダンスもどき）ポスターの姿は圧倒的だった。手元に、この映画のプログラムがあるが、映画評論家で数多くの字幕を手がけた清水俊二が、「彼女の扇情的な踊りに度胆を抜かれた」と素直に書いている。

私は、当時はまだ子供だったが、その半裸体には強烈な刺激を受けた。さすがに映画を観ることは出来なかったが。二〇一八年、この映画がディスク・ロード社からＤＶＤで発売され、はじめてそのセクシーな肢体を拝むことが出来た。彼女の出世作といっていいだろう。

テレンス・ヤングが『００７／危機一発』にアニタ・エクバーグの看板を登場させたのは、自分が監督した『熱砂の舞』の記憶がいまだに鮮明だったからではないか。

ちなみに『007／危機一発』のプロデューサー、アルバート・R・ブロッコリは『熱砂の舞』も製作している。つまり、『007／危機一発』は、テレンス・ヤングとブロッコリのミューズ、アニタ・エクバーグへのひそかなオマージュになっている。

アニタ・エクバーグはヨーロッパ人にとっては忘れられないグラマラスなアイコン。アメリカ人におけるマリリン・モンローに匹敵する。

ヴィットリオ・デ・シーカ、フェデリコ・フェリーニ、ルキノ・ヴィスコンティによるオムニバス映画『ボッカチオ'70』（62年）の第二話、フェリーニの「アントニオ博士の誘惑」では、謹厳実直な大学の先生（ペッピノ・デ・フィリポ）が、広場に立てられたアニタ・エクバーグの大看板に日夜悩まされる艶笑喜劇。

アニタ・エクバーグのアマゾネスを思わせるグラマーぶりに比べれば、モンローが可愛い人形に見えてしまうほど。

この豊満な美女は、肉付きのいい、太った女性の好きなフェリーニの美神になったのは御存知のとおり。

『甘い生活』（60年）で、ローマを訪れたハリウッドの女優を演じ、早朝、誰もいないトレヴィの泉にヴィーナスのように入っていったのはあまりに有名。

アニタ・エクバーグといえば、トレヴィの泉になった。

（2019・9・17）

第34周

『甘い生活』に登場したトレヴィの泉から…パパラッチの話…最後はオードリー・ヘプバーンの『ローマの休日』につながりました。

ローマのトレヴィの泉が、日本人に知られるようになったのは一九五四年に公開されたアメリカ映画、ジーン・ネグレスコ監督の『愛の泉』（54年）によってだろう。

原題は“Three Coins in the Fountain”（泉の三つのコイン）。この泉はトレヴィの泉のこと。三人の若いアメリカの女性（マギー・マクナマラ、ジーン・ピータース、ドロシー・マクガイア）が、ローマに行き、そこで、それぞれの恋をする。トレヴィの泉にコインを投げ入れ、ローマにまた来たいと望むと、その願いが叶うという云いつたえがあるとは、この映画で知った。

同じ一九五四年に日本公開されたウィリアム・ワイラー監督の『ローマの休日』（53年）では、オードリー・ヘプバーン演じる王女が、トレヴィの泉の近くの床屋で髪をショートにカットする。その姿をこっそりカメラにおさめようと、新聞記者のグレゴリー・ペックは、トレヴィの泉に見学に来た小学生の女の子のカメラを借りようとして、付添いの先生ににらまれる。ユーモラスな場面。

『愛の泉』と『ローマの休日』に登場して日本でも知られるようになったトレヴィの泉は、フェリーニの『甘い生活』(60年)で、特大級のグラマー、アニタ・エクバーグが入ったことでさらに有名になった。

この場面が、フェリーニ自身にも、アニタ・エクバーグにとっても、いかに忘れられない名場面であったかは、フェリーニの一九八七年の作品『インテルビスタ』で、フェリーニとマルチェロ・マストロヤンニがチネチッタ撮影所の帰り、エクバーグの別荘を訪れ、往年のミューズに再会し、ともに『甘い生活』の、トレヴィの泉の場面を観ることによくあらわれている。

あれから三十年近くになり、いまやすっかり太ってしまった(しかし、ゴージャスさは失わない)エクバーグが、若き日の輝くばかりに美しい自分の姿を観て、ほろりと涙するところは時の無常を感じさせ、観るほうも涙を禁じ得ない。

『甘い生活』のマストロヤンニは、しがないゴシップ・ジャーナリスト。有名人を追いかけては、スキャンダルを狙う。彼の相棒のカメラマンはパパラッツオという名（あだ名かもしれない）の若者。しつこく映画スターや有名人を追う。

現在、日本でも、しつこく有名人を追うカメラマンをパパラッチということは定着している。たしか、ビートたけしの「フライデー」殴り込み事件の時に、カメラマンの吉田ルイ子さんがコメントのなかで「パパラッツオ」（複数形はパパラッチ）と使ったのが早い例だと思う。イタリア語の「ぶんぶんとうるさい虫」のことだという。

実は、このパパラッツオの語源はフェリーニの『甘い生活』で、マストロヤンニの相棒のカメラマンがパパラッツオと呼ばれていたことにある。このことは、一九八二年に来日したベルナルド・ベルトルッチ監督にインタビューをした時に教えられた。

ローマでのパパラッツオで思い出すのは、『ローマの休日』のエディ・アルバート。当時はまだその言葉はなかったが、王女オードリー・ヘプバーンを、カメラを仕込んだ小型ライターで隠し撮りしたり、ガードマンとの奮戦をフラッシュをたいて撮影したりするところは、のちの『甘い生活』のパパラッツオの先輩といっていいだろう。

といっても、『ローマの休日』は、まだジャーナリズムもおだやかだった時代。最後、エディ・アルバートは、記者のグレゴリー・ペックが、王女との信頼から、特ダネを公けにしないと決意したことを知り、自分もその特ダネの写真を公表するのをあきらめ、最後の記者会見の席で、写真を王女に手渡す。

まだジャーナリズムが、節度を持っていた牧歌的な時代の紳士的な行為で後味がいい。『ローマの休日』の面白さは、ジャーナリズムのモラルを描いていることにもある。


ところで『ローマの休日』の原題“Roman Holiday”の意味を御存知だろうか。確かに『ローマの休日』ではあるのだが、実は、もうひとつ、隠れた意味がある。

大きな辞書に出ている。「他人に苦しみを与えることで得られる娯楽」のこと。帝政ローマ時代、キリスト教徒を猛獣の前にさらし、それをローマ市民が楽しんだことを思えばいいだろうか。

ローマでの楽しい休日の裏に、こういう、残酷な事実もこめられている。脚本が、現在では明らかになっている、赤狩りの犠牲になったダルトン・トランボであることを思うと、この『ローマの休日』のもうひとつの意味には複雑な思いがある。

『ローマの休日』には、あまり語られていないが、あるクラシックの名曲が流れる。次回は、この曲について書こう。


（2019・10・1）

第35周

『ローマの休日』に流れたクラシックの名曲から…
リスト、山田耕筰…
最後は『寅次郎夕焼け小焼け』につながりました。

『ローマの休日』（53年）には、ある場面に気になるクラシックの曲が流れる。といってもラジオから聞えてくるのでなかなかそれと分からない。だからいっそうなんの曲か気になる。

どの場面か。王女オードリー・ヘプバーンがアメリカの新聞記者グレゴリー・ペックとローマの町を見物してまわる。夜、ダンス・パーティーの会場で、王女を連れ戻そうとするシークレット・サーヴィスと大立回りになる。

そのあと。二人はグレゴリー・ペックのアパートの部屋に戻る。この場面で、部屋のラジオからクラシックの曲が流れる。

ずっと気になっていた。何度かビデオで観ているうちにやっと分かった。リストの『巡礼の年』のなかの『ゴンドラを漕ぐ女』。イタリアを訪問中の王女にふさわしい。

リストのピアノ曲はヴィスコンティの遺作『イノセント』（75年）にも使われている。こちらは分かりやすい。

伯爵ジャンカルロ・ジャンニーニが、妻のラウラ・アントネッリと、ある屋敷で開かれている内輪のピアノ・コンサートに行く。そこで演奏されているのが、『巡礼の年』のなかの『エステ荘の噴水』。

日本映画に流れたリストですぐに思い出すのは、群馬交響楽団の誕生期の苦闘を描いた、水木洋子脚本、今井正監督の『ここに泉あり』（55年）。

岡田英次演じるヴァイオリニストが東京から呼ばれて高崎にやってくる。交響楽団のコンサート・マスターになる。誕生したばかりの地方の交響楽団のこと、あまり期待はしていない。

ところが、夜、練習所に行ってみると、一人の美しい女性がピアノを弾いている。岸惠子演じるこの女性もやはり東京からやってきた。彼女が弾いているのはリストの『ため息』。『三つの演奏会用練習曲』のなかで、もっともよく知られている。

岡田英次は、この曲を弾く岸惠子の美しさに魅了される。やがて二人は結婚する。リストが縁結びになった。

『ここに泉あり』には作曲家の山田耕筰が指揮者として特別出演している。最後、群馬交響楽団を指揮してベートーヴェンの『第九番』を演奏する。

山田耕筰は童謡『赤とんぼ』の作曲者として知られる。そのためだろう、『ここに泉あり』には、子供たちが、『赤とんぼ』を歌う胸を打つ場面がある。

群馬交響楽団の運営は思わしくなく（まだ戦後の混乱期、クラシックを聴く余裕が市民にはない）、それまで孤軍奮闘してきた、小林桂樹演じるマネージャーは、解散を決意する。

最後に山奥の小学校に演奏旅行に行く。学校には、さらに山に入った分教場からも生徒がやってきて狭い講堂はいっぱいになる。子供たちは思いがけず熱心に演奏を聴いてくれる。マネージャーの小林桂樹も、ヴァイオリンの岡田英次も、ピアノの岸惠子も、他の楽団員たちも、子供たちの素直な喜びに触れて感動する。

演奏を終えて楽団員たちは帰途につく。その時、子供たちの歌う「夕やけ小やけの／赤とんぼ……」が聞えてくる。山道を、山奥の分教場へと帰ってゆく子供たちが、御礼の意味もこめて別れにこの歌を歌った。

『ここに泉あり』の名場面。一九九〇年代の終わり、月刊誌「旅」の仕事で、この映画のロケ地を訪ねたことがある。

子供たちが、『赤とんぼ』を歌った村は、群馬県の

山奥にあった。高崎からバスを乗り継いで約三時間。群馬県の行きどまり。

上野村。日航機が墜落した御巣鷹山のある村だった。


『赤とんぼ』の作詞者は三木露風。

本来、三番は「十五でねえやは／嫁に行き」とあるが、『ここに泉あり』ではこの三番は歌われない。時代が新しくなっているので、十五歳で嫁にゆくのは早いと判断されたためだろう。ちなみに「小やけ」は「小さい夕焼け」ではなく、「小」はただ語調をよくするために付けられた。

三木露風（一八八九～一九六四）は播州龍野《たつの》の出身。『男はつらいよ』シリーズ第十七作『寅次郎夕焼け小焼け』（太地喜和子主演）は、この三木露風ゆかりの播州龍野を、渥美清演じる寅が旅する。

次周は、この映画へつなげよう。


（２０１９・10・15）

第36周

『寅次郎夕焼け小焼け』から…『赤とんぼ』の三木露風、映画に出てきた古本屋…最後は松本清張原作『黒い画集 あるサラリーマンの証言』につながりました。

『男はつらいよ』シリーズの第十七作『寅次郎夕焼け小焼け』（76年）では、渥美清演じる寅が、播州龍野を旅する。瓦屋根の家並みの残る古い城下町。とてもいい町だが、数年前、市名が、「たつの」とひらがなになったのは残念。「播州龍野」のほうがこの町には似合う。ここは童謡『赤とんぼ』の作詞者、三木露風の出身地。そのために『寅次郎夕焼け小焼け』の副題がついた。シリーズのなかでは評価が高い作品。

その一因は、宇野重吉が演じる日本画の大家の面白さにある。寅が上野あたりの居酒屋で、金も持たずに飲み食いして女店員にとがめられた老人を助けて、「とらや」に連れ帰ってくる。哀れな年寄りと思っていたところ、あとで日本画の大家と分かって大いに驚く。

それと分かったのは——。

老人は「とらや」を宿屋と勘違いし、何日も家に帰らない。高いうなぎを食べて、その払いを

「とらや」に払わせる。

ついに寅が「他人の家に世話になっているんだから、少しは遠慮しろ」と説教する。老人は、はじめて、旅館ではないと知って恐縮して、御礼のつもりで、画用紙に縁起ものの絵を描く。そして寅に、これを神田神保町の古本屋に持ってゆくと主人が、いくらか融通してくれるという。

半信半疑で寅がその古本屋に行くと、主人（大滝秀治）が、絵に七万円払うというので寅は驚く。ここではじめて老人が高名な画家であることを知る。

渥美清が神保町の古本屋街を歩くシーンはきちんとロケされている。「村山書店」、「悠久堂書店」の前あたりと思われる。大滝秀治が主人の古本屋「大雅堂」は架空。

寅と本は一見、不似合いのようだが、決して縁がないわけではない。テキヤとしてよく本を売るから。

第一作『男はつらいよ』（69年、光本幸子主演）では、妹さくら、倍賞千恵子の見合いに付いてホテ

ル（ニューオータニ）へゆき、相手の父親に「お仕事は？」と聞かれ「おもに本のセールスです」と答える。どんな本かとさらに聞かれると「法律、統計、その他、英語、催眠術、メンタルテスト、夢判断、シミ抜き法、心中もの、事件もの、いろいろですね」と答えるのが笑わせる。

映画に出て来た古本屋というと古くは、石坂洋次郎原作、成瀬巳喜男監督『石中先生行状記』（50年）の弘前の古本屋（主人は藤原釜足）、源氏鶏太原作、生駒千里監督の『大願成就』（59年）の東横線沿線の町の古本屋（主人は佐田啓二）、枝川弘監督の『投資令嬢』（61年）の本郷の古本屋（看板娘は叶順子）などが思い浮かぶ。

近年では市川準監督の『東京兄妹《きょうだい》』（95年）がある。緒形直人演じる兄は、古本屋の店員。この古本屋は、「金井書店」という目白にある実在の店だった。

さらに実在の古本屋が登場した映画に、久松静児監督の『愛妻記』（59年）がある。飄々とした味で知られる私小説作家、尾崎一雄の『芳兵衛物語』の映画化。「芳兵衛」とは貧乏暮しでもいつも笑いを忘れないのんきな奥さんのこと。フランキー堺が尾崎一雄を、司葉子が奥さんを演じた。

尾崎一雄は地味な私小説作家だったからいつも貧乏暮し。困った時に頼るのが、早稲田にあった古本屋、「大観堂」（主人は織田政雄）。

今日も店にやってきては、金の無心。主人はやれやれまたかという顔をしながらも、決して少なくない金額を「よござんす、お貸ししましょう」と気はいい。尾崎一雄の才能、人柄を買っているのだろう。

神保町の古本屋が出てくるよく知られた映画に、松本清張原作、橋本忍脚本、堀川弘通監督の『黒い画集 あるサラリーマンの証言』（60年）がある。

丸の内の中堅商社の課長、小林桂樹は、同じ会社の社員、原知佐子（小悪魔的で実に魅力的！）を愛人にしている。

ある晩、新大久保にある女のアパートに行った帰り、まずいことに近所に住む保険会社の社員、織田政雄に会ってしまう。

この男が殺人容疑で捕まる。その時間は新大久保で小林桂樹に会ったからアリバイがあると主張する。ところが、小心者の課長のほうは、うっかり本当のことを言ってしまうと愛人との関係が明らかになるので、会っていないと偽証する。

ではその時間、どこで何をしていたか。渋谷で映画を観ていたことにする。そこで愛人の原知佐子が神保町の古本屋に行き、「キネマ旬報」のバックナンバーを買い、当日、渋谷の映画館で上映されていた映画を調べ、なおかつ新作紹介欄でそのストーリーを確認する。

古本屋と「キネマ旬報」がアリバイ工作に利用された。

（2019・10・29）

第37周

松本清張原作『黒い画集 あるサラリーマンの証言』の話から…西部劇人気、『平原児』…最後は黒澤明監督『天国と地獄』につながりました。

松本清張の短篇『証言』の映画化、橋本忍脚本、堀川弘通監督の『黒い画集 あるサラリーマンの証言』（60年）で小林桂樹演じる中堅商社の課長は偽証工作をする。殺人容疑者にされた男（織田政雄）と会っていながら、会社の女子社員（原知佐子）を愛人にしていることが人に知られるのを怖れ、会っていないことにする。その時間、渋谷の映画館で映画を観ていたから会う筈はないと。

そこで愛人の原知佐子に神保町の古本屋街へ行かせ、「キネマ旬報」のバックナンバーを買わせてくる。それを調べ、当日、渋谷の映画館でイタリア映画『パンと恋と夢』（53年）と、西部劇『西部の嵐』（36年）の二本立てを観たことにする。

当時の「キネマ旬報」には新作紹介欄があり、そこにストーリーが詳しく書かれていたので、それを頭に叩き込む。この結果、小林桂樹は法廷で堂々と偽証する。

映画の題名は清張の原作にはない。『パンと恋と夢』はイタリア映画。ルイジ・コメンチーニ監督の牧歌的なコメディ。田舎町に赴任してきた実直な警察署長ヴィットリオ・デ・シーカが、村のじゃじゃ馬娘ジーナ・ロロブリジーダに振り回される。ジーナの野性的なグラマーぶりが話題になった。

一方の『西部の嵐』は戦前の西部劇スター、ウィリアム・ボイド主演の『ホパロング・キャシディ』シリーズ。この時代、現在とは違って西部劇に人気があったので、二本立ての一本は西部劇にしたのだろう。

サラリーマンが会社の帰りに映画館で二本立ての映画を観る。そういうことが不自然ではない時代で、洋画の中心には西部劇があった。

伊藤整のベストセラーの映画化、和田夏十脚本、市川崑監督の『女性に関する十二章』(54年)では、小泉博演じる銀行員が会社の帰り、映画館(新橋に近い銀座八丁目あたりにあった全線座。ヨーロッパの古城のような建物で知られた)で映画を観る。

上映していたのは西部劇の二本立て。

一本はゲイリー・クーパーがワイルド・ビル・ヒコックを、ジーン・アーサーがカラミティ・ジェーンを演じた『平原児』

(36年、セシル・B・デミル監督)。西部劇史上に残る名作。戦前の映画だが一九五三年にリバイバル上映されている。

もう一本は、ラオール・ウォルシュ監督の『限りなき追跡』(53年)。こちらはそれほど知られた映画ではない。ロック・ハドソン演じるヒーローが、悪人(フィリップ・ケリー)にさらわれた恋人(ドナ・リード)を執念で奪い返す。

サラリーマンが、会社の帰りに西部劇の二本立てを観る。当時の西部劇人気をよくあらわしている。しかも、映画の黄金時代だけあって、場内は超満員。現在からは考えられない。

こういう時代だったから、『黒い画集』で小林桂樹が西部劇を観ていたと偽証しても疑われずにすんだ。


西部劇は子供にも人気があった。

黒澤明監督の『天国と地獄』(63年)。

横浜の高台の豪邸に住む製靴会社の重役、三船敏郎の子供を誘拐しようとした犯人(山﨑努)が間違えて、運転手(佐田豊)の子供のほうを誘拐してしまう。そこから物語が大きく動くのだが、その誘拐が行われる前、豪邸のなかでは、二人の子供(重役の子供と運転手の子供)が仲良く遊んでいる。

なんの遊びをしているのかというと、西部劇ごっこ。一人が保安官に、一人が悪漢になる。保安官のほうは二丁拳銃。誘拐犯がこちらを重役の子と間違えてしまったのは、この子供が、順番で保安官役になり、二丁拳銃で立派なガンベルトをしていたためだろう。ちなみにこの子供を演じているのは、当時の名子役、島津雅彦。小津安二郎監督の『お早う』（59年）などで知られる。

いまの子供たちが西部劇ごっこをするとは考えられないが、この時代は子供の人気の遊びだった。

西部劇がいかに人気があったか。

洋画で観てみよう。

デヴィッド・リーン監督の『逢びき』（45年）では、人妻のシリア・ジョンソンが、やはり家庭のある医師トレヴァー・ハワードと愛し合う。二人は、人目につかないように、自分の住む町ではない大きな町でしのび逢いを重ねる。ある時、町の映画館に入る。観るのは西部劇。大人の恋人たちが西部劇を観ても不自然ではない時代だった。

アガサ・クリスティ原作、ビリー・ワイルダー監督の『情婦』（57年）では、タイロン・パワーが、金持の未亡人（ノーマ・ヴァーデン）の殺人容疑で起訴される。

二人が親しくなったきっかけは一度、帽子屋で会い、二度目に映画館でばったり会ったこと。このとき映画館で上映していたのが西部劇。

恋愛映画やミステリ映画の秀作を西部劇が陰で支えている。

（２０１９・11・12）

第38周

黒澤明監督『天国と地獄』の話から…江ノ電、『海街diary』…最後は森田芳光監督『僕達急行 A列車で行こう』につながりました。

黒澤明監督の『天国と地獄』では、鉄道が重要な役割を果す。

ひとつはよく知られているように、東海道本線の特急「こだま」。ここのトイレの窓がわずかに開くことを犯人（山﨑努）は知っていて、その指示に従い、製靴会社の重役（三船敏郎）は、ここから身代金三千万円を入れたカバンを外へ投げ落とす。

『天国と地獄』は一九六三年の公開作品。翌年、東京オリンピックがあり、東海道新幹線が開通する。従って『天国と地獄』は最後の特急「こだま」をとらえたことになる。

『天国と地獄』でもうひとつ重要な役割を果す鉄道は、江ノ島電鉄。通称、江ノ電。明治四十五（一九一二）年の開業。

誘拐犯人を追う刑事の一人（木村功）が、犯人からの電話を録音したテープを何度も聴くうちに、公衆電話の向うで電車の音らしきものがかすかに聴こえるのに気づく。この電車はどこか。それが分かれば、犯人の手がかりがつかめる。刑事、木村功はテープレコーダーを持って、横浜駅（シナリオによる）に行き、鉄道に詳しい国鉄の職員たちに、録音を聴いてもらう。

職員の一人（東宝の名傍役、沢村いき雄）がそれを聴いてすぐに江ノ電だと気づく。

「あのチチーッって音は、パンタグラフの音じゃない。旧式のポールが架線にすれて出る音ですよ。今時、ポールで走ってるのは、この辺じゃ江ノ電くらいのもんでさあ」

この証言を手がかりに、刑事たちは江ノ電の沿線を捜査してゆく。ちなみに江ノ電は、現在はパンタグラフになっている。

江ノ電には、トンネルが一つだけある。

極楽寺駅の近くにあり、跨線橋から、トンネルを出た電車を見ることが出来る。

『天国と地獄』にこのトンネルの出入口が出てくる。運転手（佐田豊）の子供（島津雅彦）が、製靴会社の重役の子供と間違われて誘拐される。重役の三船敏郎は、他人の子供のために三千万円という多額の身代金（今なら億だろう）を払わされる。

責任を感じた運転手の佐田豊は、無事に戻った子供を車に乗せ、犯人たちの車に乗せられた時に、どこを通ったかを思い出させてゆく。車が、極楽寺駅の跨線橋を通った時、子供は、鎌倉行きの電車がトンネルへと入ってゆくのを見て、「お父ちゃん、僕、ここ通ったよ」と父親に伝える。江ノ電のなかでも唯一のトンネルだから子供の記憶に残ったのだろう。この子供のセリフは、『天国と地獄』のなかでも、もっとも記憶に残る。

江ノ電の極楽寺駅が出てきた近年の映画がある。

吉田秋生の漫画の映画化、是枝裕和監督の『海街ｄｉａｒｙ』（15年）。四人姉妹が住む鎌倉の家は、極楽寺駅近くにあるという設定になっている。

『海街ｄｉａｒｙ』の主人公は、はじめは三姉妹（綾瀬はるか、長澤まさみ、夏帆）。そこに母親の違う、三人にとっては義妹になる中学生の女の子（広瀬すず）が加わって四人姉妹になる。

きっかけは。三人の娘と別れ、彼女たちの母親とは違う女性と山形県の小さな温泉町で暮していた父親が亡くなる。三人姉妹は鎌倉からその町へ葬儀に出かける。そこではじめて母親の違う妹、すずに会う。

実際の母親とは違う義母と暮していて幸福ではないすずは、「一緒に暮さない？」という長姉の優しい言葉に誘われるように、鎌倉で暮すことを決意する。

この決意は、すずが三姉妹をローカル線の小駅で見送る時、瞬間的になされる。

物語のなかでは、山形県のローカル線の駅になっている

が、映画の撮影が行われたのは、わたらせ渓谷鐵道の足尾駅（栃木県）。

わたらせ渓谷鐵道（通称「わ鐵」）は、渡良瀬川に沿って走る。群馬県の桐生駅から、栃木県日光市の間藤《まとう》駅を結ぶ。

もともとは、明治四十四（一九一一）年に足尾銅山の銅を運ぶために作られた。国鉄時代の名称は足尾線。一九八九年に第三セクターとなって再出発した。

国鉄時代の足尾線の姿は、井上和男監督の『喜劇 各駅停車』（65年）にとらえられている。森繁久彌がベテランの蒸気機関車の機関士、三木のり平が機関助士。全篇、煙を吐いて勢いよく走る蒸気機関車がとらえられ、鉄道好きに愛される映画になっている。

森田芳光監督の遺作となった『僕達急行 A列車で行こう』（12年）では、冒頭、鉄道ファンの二人の若者、瑛太と松山ケンイチがこの「わ鐵」に乗る。美しい渓谷沿いを走る列車に乗って二人は楽しそうだ。

（２０１９・11・26）

第39周

森田芳光監督『僕達急行 A列車で行こう』の話から…鉄道模型、フィルム・ノワールの逸品…最後は小津安二郎監督の『麦秋』につながりました。

森田芳光監督の遺作となった『僕達急行 A列車で行こう』（12年）は、鉄道好きの二人の若者の物語。

松山ケンイチ演じる不動産会社の社員が、東京から福岡に転勤になる。瑛太演じる東京の町工場の息子が、福岡に松山ケンイチを訪ねる。

鉄道好きの二人は、一日、九州鉄道の旅に出かけて行く。行き先は、久大《きゅうだい》本線（久留米－大分）の豊後《ぶんご》森《もり》駅（大分県）。

この駅は鉄道ファンに人気がある。蒸気機関車の時代、ここには大規模な機関庫があり、いまは使われなくなった扇形機関庫が廃墟のままに残っているため。転車台もある。

鉄道ファンには絶好の撮影場所になっている。二人はここで、もう一人の鉄道ファンに会う。ピエール瀧演じる食品会社の社長。二人は、同じ鉄道好きということでこの社長に気に入られ、自宅に招待される。

行ってみて驚く。大きな部屋いっぱいに鉄道ジオラマが作られていて、模型の列車がそのなかを縦横に走る。二人はそのスケールの大きさに圧倒される。

この鉄道好きの社長は、本業より趣味の鉄道のほうが好きなのかもしれない。


ギャングにも鉄道模型好きがいる。

フランス映画。イヴ・アレグレ監督のフィルム・ノワールの逸品『目撃者』(57年)。原作はその作品がしばしば映画化されているアメリカのジェームズ・ハドリイ・チェイス(例えば『女は一回勝負する』『エヴァの匂い』『ある晴れた朝突然に』など)。

この映画はロベール・オッセン演じるギャングが刑務所から出所し、何年ぶりかで自由に町を歩くところから始まる。

人の群れでにぎわう商店街の、ある店の前で立ち止まったロベール・オッセンは、ショウウィンドウのなかを熱心に見る。

何を見ているのか。そこは鉄道模型の店で、模型の列車がレールを走る様子を見入る。このギャング、思いがけず鉄道模型好きだった。

最後も凝っている。ロベール・オッセンは腹心の部下(ジャン・ガヴァン)と警官隊に追いつめられ、家を包囲される。

死を決意した彼は、模型機関車を取り出してきて、部下に「これを走らせて、とまったところで互いに銃を撃とう」と言う。

二人は銃を構えて向き合い、スイッチを入れる。機関車が走り出す。やがてその機関車がとまった時、銃声が響き、映画は終わる。主を失って空回りしている車の音だけが、いつまでも鳴っている。フィルム・ノワールらしいしゃれた終り方だった。


日本映画の古い作品で鉄道模型と言えばすぐに思い出すのは、小津安二郎監督の『麦秋』(51年)。

笠智衆演じる鎌倉の医師には、二人の子供がいる。十二歳の実と六歳の勇。上の実は、鉄道模型が好きという設定。

ある日、父親にレールを買ってきてと頼んだのだろう、父親が長い包みを抱えて帰ってきたので、レールと思い、喜ぶ。

ところが包みを開けると、レールではなくパンだった。がっかりした実は、思わずパンの包みを蹴とばす。それを見て、父親は食べ物を粗末にした子供を叩いて、叱る。そのあと実は弟の勇を連れて家を出てしまい、ひと騒動になる。

映画が公開された昭和二十六年といえば、戦後日本がまだ貧しかった頃。鉄道模型を持っている子供など数少なかったろう。当時、私は七歳だが、まわりに鉄道模型を持っている子供などいなか

った。

『麦秋』は、笠智衆演じる医師と同じ家に住む妹、原節子の結婚問題が描かれる。彼女は、丸の内のある会社で専務（佐野周二）の秘書をしている。二十八歳になるが結婚していないので家族は心配してる。

ところが、ある時、彼女は近くに住む男やもめの医師、二本柳寛と結婚することを決意する。兄の笠智衆も両親（菅井一郎、東山千栄子）も、相手は初婚ではないし、小さな娘もいるので反対するが、彼女の決心は固い。

いい場面がある。

ある夜、彼女が夜遅く帰ってくる。

結婚に反対する兄も両親も彼女には冷たい。その時、兄嫁（三宅邦子）が声を掛ける。「おなか、すいていない？」。兄嫁の優しい言葉に彼女は「お茶漬、少し食べようかしら」と一人、台所に行く。そして、お櫃のご飯をよそってお茶漬を食べる。美しい原節子が、台所でお茶漬を食べる。わびしいといえばわびしいが、兄嫁が遅くに帰ってくる義妹のために、簡単な食事を用意していることが分かり、その優しさが伝わってくる。

家族のなかで浮いていた原節子はこの三宅邦子の優しさに救われている。そし次の場面で二人は海辺で仲良く、結婚生活を語り合う。

（2019・12・10）

第40周

小津安二郎監督『麦秋』の話から…永井荷風と『濹東綺譚』、隅田川にかかる橋…最後は葛飾柴又、山田洋次監督につながりました。

『麦秋』（51年）で原節子はひとり、夜の台所でお茶漬を食べた。

美女が茶漬を食べる。

それで思い出すのは、豊田四郎監督の昭和三十五（一九六〇）年の作品『濹東綺譚』。原作は言うまでもなく永井荷風。前年の昭和三十四年に七十九歳で死去した荷風を追悼して作られた。

玉の井の私娼、お雪を演じるのは山本富士子。東京の場末の町に住む娼婦にしては美し過ぎるとの評もあったが、山本富士子は豊田監督の「お雪はね、泥沼に咲く蓮の花なんだよ」のひと言に納得してお雪を演じたという。

原作と映画は大きく違うところがある。

原作では、お雪の相手をするのは作者の荷風自身を思わせる「わたくし」だが、映画では「わたくし」が書こうとしている『失踪』という小説の主人公、種田順平という中学校の教師に置き換えられている。演じているのは芥川比呂志。

玉の井でこの中学校教師がお雪に出会う。はじめてお雪の家へ上がった日、お雪は、寝間に入る前に、食事をする。それが簡単な茶漬。長火鉢の前に座って、その様子を見ていた芥川比呂志演じる中学校教師が、お雪を愛らしく思ったのだろう、熱い茶を改めてご飯のうえにかけてやる。

そんなことをする客は少ないらしく、山本富士子演じるお雪は「あら、あなた、親切ねえ」と喜ぶ。ちょっとした夫婦のような雰囲気が生まれている。二人の仲は、茶漬から始まった。

映画『濹東綺譚』では荷風を思わせる老作家は、小説を書くため玉の井に毎晩のように訪れる粋人として傍役で登場している。演じているのは、歌舞伎役者の中村芝鶴。山田五十鈴がお雪を演じた舞台版、菊田一夫脚本・演出の『濹東綺譚』（昭和三十九年）でも、荷風（役名では永田蒼風）を演じた。

映画は、この中村芝鶴演じる荷風を思わせる老人が隅田川に架かる白鬚橋を渡って、濹東の玉の井へと歩いているところから始まる。「今日もまた私は、隅田川を渡り、東の方へと歩いて行った」と老人の語りが入り、画面には「昭和十一年」とクレジットが出る。

昭和三十五年に作られた映画で、白鬚橋のあたりの風景は昭和十一年とさほど変わっていなかったことになる。これには驚く。昭和三十年代までの東京は、変化はあったとしてもまだまだおだやかなものだった。

白鬚橋は隅田川に架かる橋。台東区と墨田区を結ぶ。台東区側から橋を渡ったところに白鬚神社があるのでその名が付いた。

現在のアーチ型の鉄橋は昭和六（一九三一）年に作られた。関東大震災のあと次々に作られたいわゆる震災復興橋梁のひとつ。

この橋は、『濹東綺譚』の他にも、いくつかの映画で描かれているが、いちばん重要な役割を果したのは、昭和三十三（一九五八）年の東宝作品、丸山誠治監督の『二人だけの橋』だろう。

小品だが心に残る青春映画。原作は東京下町出身で、東京大空襲を記録する活動で知られる早乙女勝元。

隅田川べりに住む恋人たち、鉄工所で働く久保明と、石鹸工場で働く水野久美は、毎日のように仕事の帰りに白鬚橋のたもとで待ち合わせ、隅田川沿いを歩く。

ある日、水野久美が思いついて、橋の支柱にある隙間を自分たちだけのポストにしようと提案する。都合が悪くなり、会えない時はそこに手紙を置く。「私たち、時間はズレるけど毎日、この橋を通るでしょ。ここへ手紙を入れるの。今日も天気だよって、それだけでもいい。切手の要らない手紙、二人だけしか知らないポスト」。下町の恋人たちの暮しに隅田川に架かる橋が溶け込んでいる。

早乙女勝元は『男はつらいよ』の誕生に関わっている。寅さんの故郷、葛飾柴又を山田洋次監督に紹介したのは早乙女勝元だった。

『男はつらいよ』に先立つ松竹映画、下町のハーモニカ工場で働く少女を主人公にした井上和男監督、桑野みゆき主演の『明日をつくる少女』（58年）で脚本を書いた山田洋次は、原作者の早乙女勝元と知り合った。

下町出身のこの作家は、葛飾区の新宿《にいじゅく》というところに住んでいた。ある日、山田洋次を近くの柴又へ連れていった。かつてはにぎわった帝釈天の門前町も、すっかりさびれてしまっている。

しかし、山田監督は、そのさびれた柴又にこそ惹かれた。高度経済成長の荒波をかぶっていない、昔ながらの瓦屋根の落着いた町並みが残っていたから。

そこを寅の故郷に決めた。『男はつらいよ』の始まりである。

（2019・12・24）

第41周

山田洋次監督『下町の太陽』の話から…東野英治郎、『キューポラのある街』…最後は井伏鱒二原作『本日休診』につながりました。

山田洋次監督の初期の代表作に『下町の太陽』がある。東京オリンピック直前の昭和三十八年の作品。倍賞千恵子のヒット曲『下町の太陽』から生まれている。

倍賞千恵子演じる主人公は、墨田区の橘銀座あたりに住み、近くの石鹸工場で働いている。当時の言葉で言えば「女工さん」。

この工場は、当時、東武電車の曳舟駅の近くにあった資生堂の向島工場と思われる。現在はなくなり工場の跡地にはマンションなどが建てられている。

前回紹介した丸山誠治監督の『二人だけの橋』（58年）の水野久美演じる主人公も、向島の石鹸工場で働いている。この工場も、モデルはやはり向島の資生堂の工場だろう。

昭和三十年代までは、「女工さん」は若い女性の典型的な就職先だった。

川頭《かわず》義郎監督の昭和三十一年の作品『涙』では、若尾文子が浜松にあるハーモニカ工場で働く

「女工さん」。

浦山桐郎監督の昭和三十七年の作品『キューポラのある街』の吉永小百合は、中学校を卒業したら高校には進学せず社会に出る。卒業の前に、大きな電機会社の工場に見学に行く。優しい先輩（吉行和子）が工場を案内してくれる。若い「女工さん」がたくさん働いている。それを見て吉永小百合は励まされる。

どの映画でも彼女たちが白い三角巾をかぶっているのが懐かしい。

『下町の太陽』で倍賞千恵子が住むのは、前述したように向島の橘銀座商店街の近く。ここは、惣菜屋が多い、活気のある商店街として知られる。このあたりは町工場は多く、近所の主婦もパートで働いている。仕事が忙しいから毎日の食事を作れない。そのために惣菜屋が増えるようになった。

倍賞千恵子の家は、木造平屋が並ぶ長屋のようなところ。隣り近所との付合いが親密。母親は亡くなっている。父親（藤原釜足）は職人。晩酌を楽しみにしている。

この庶民的な下町を舞台にした映画には、忘れ難い人物が登場する。

東野英治郎演じる町の老人。彼は息子を交通事故で亡くしている。その悲しみから頭がおかしくなり、いまだに息子は生きていると信じ、町の人に、息子を見ませんでしたかと聞く。

この『下町の太陽』の東野英治郎から思い出される映画がある。

澁谷實監督の昭和二十七（一九五二）年の作品『本日休診』。原作は井伏鱒二。東京の蒲田にある病院の院長先生、柳永二郎と、その周辺の人物を描いたユーモラスで少し悲しい人間ドラマ。

この映画に『下町の太陽』の東野英治郎と同じように、死者を忘れられない人物が登場する。三國連太郎演じる青年。兵隊に取られ戦争に行った。無事に生還したが、戦場でつらい目にあったので、戦争後遺症に悩まされている。

発作が起こると、まだ戦争中と思いこみ、空襲だと町の人に告げてまわったり、隣人たちを並ばせて敬礼させたりする。町の人たちは困ったものだと思いながらも、彼が戦争の犠牲者だと分かっているから、黙って彼の命令に従う。

この挿話は、井伏鱒二の『遥拝隊長』から取られている。戦争は終っても、戦争で受けた心身の傷はたやすくは消えない。

『本日休診』には鉄道好きには忘れ難いものが出てくる。

柳永二郎演じる院長先生は、ある日、いつものように患者さんに呼ばれ、往診に出かける。その患者はなんと、列車のなかに住んでいる。

蒲田には、操車場があり、空襲の時に列車が被害を受けた。

車両としては使えなくなったが、廃棄するのはもったいない。そこで、戦後の住宅難の時代、列車を住宅にして人を住まわせた。いわゆる「汽車住宅」。

井伏鱒二の原作にはこう説明されている。「車庫が空襲のとき火をかぶったので使いものにならない車両が何台も出来て、そのなかに鉄道関係の人たちが住んでいる」。

列車のなかの暮しは大変だったろうが、いま観ると、鉄道好きとしては、これはこれで貴重な暮しだから楽しそうだ。

二〇〇一〜〇二年に両国の江戸東京博物館で開かれた「東京建築展」には、この「汽車住宅」が展示されていて、若い人たちが「キャンピング・カーみたい」と喜んでいた。

（２０２０・１・７）

第42周

『本日休診』の汽車住宅の話から…『鉄道運転士の花束』『ハロルドとモード』、コカ・コーラ…最後はジョージ・スティーヴンス監督の『ジャイアンツ』につながりました。

鉄道好きにとって、列車を家にする、「汽車住宅」に住むことは夢のひとつだろう。井伏鱒二原作、澁谷實監督の『本日休診』（52年）に登場した汽車住宅は、終戦後の混乱期の住宅難の時代に、廃車を住宅に転用した、いわば苦肉の策だが、他方、鉄道好きが好んで列車を住宅にして楽しく暮すことがある。

二〇一九年に公開された、珍しいセルビア・クロアチア映画『鉄道運転士の花束』（16年）は、ベテラン機関士の父親が、同じように機関士になった息子（正確には養子）に「一人前になるには一度、人身事故を経験しなければならない」と、なんとか事故を経験させようとするブラックな笑いにあふれるユニークな鉄道映画。

この映画のなかに「汽車住宅」が出てくる。主人公の老機関士には、よき友達がいる。彼らは鉄道関係者なのだろう。払い下げられた列車のなかに住んでいる。

鉄道の仕事を引退しても鉄道のことが忘れられない。そこで車輛を一台、家にしている。仲間たちとパーティーを開いたりする。リタイアした鉄道員にとって、老後を「汽車住宅」で暮せたら幸せだろう。

鉄道関係者ではないが、好きで「汽車住宅」に住んだ老嬢がいる。

ハル・アシュビー監督『ハロルドとモード 少年は虹を渡る』(71年)の、ルース・ゴードン演じる風変りな女性。孤独な少年、バッド・コートと親しくなるこの女性は、自由を愛し、「以前、ペットショップのカナリアを鳥籠から逃がしたことがある」という愉快な人物だが(ナチスの強制収容所から生き延びた過去がある)、廃車になった車輛を一輛、貰い受け、そこに一人で自由に暮している。

車輛のなかにはあちこちで拾い集めてきたらしい廃物が、きれいに再生され、立派な家具になっている。「汽車住宅」が一人暮しの老嬢の、心地よく秘密めいた小さな隠れ家になっている。こんな家に住めたらいい。ただし、残念ながら動くことは出来ない。

大金持は違う。現役の動く車輛を一輛、自家用にしてしまう。自家用飛行機ならぬ自家用列車。昔は、こんなことがありえた。

ジョージ・スティーヴンス監督の『ジャイアンツ』(56年)。冒頭、テキサスの大牧場主ロック・ハドソンが、東部のメリーランドに馬の買付けにやってくる。そこで美しいエリザベス・テイラーに会う。二人は愛し合い、結婚する。

ロック・ハドソンは新妻リズを連れてテキサスへ戻る。一九二〇年代のこと。アメリカ東部からテキサスまでの列車の旅になる。三、四泊はしただろう。

この時、大牧場主のロック・ハドソンは自家用の列車を持っていて、そこで新妻と過すことになる。テキサスまでの自家用列車での旅が新婚旅行になる。

テキサスの牧場に着く。自家用列車だけが一輛、切り離され、ぽつんと荒野に置かれる。やがてそこに牧場から迎えの者がやってくる。この自家用列車には、ロック・ハドソン演じるベネディクトのヘッドマークがちゃんと付いている。

鉄道映画数あるなかで、アメリカ映画ではこの『ジャイアンツ』の自家用列車の場面は忘れ難い。アメリカの豊かさ、広大さに圧倒された。

『ジャイアンツ』の日本公開は一九五六年。私が小学六年生の時だった。当時、話題の映画だったから、兄たちと新宿の二番館に観に行った。

冒頭の自家用列車の他にも、この映画には、当時、一般の日本人には知られていなかったアメリカならではの飲みものが出て来た。

ひとつは、コカ・コーラ。

エリザベス・テイラーの娘のキャロル・ベイカー（ちなみに実年齢はキャロルの方がリズより上）が、石油成金となったジェームズ・ディーンに誘われてレストランに入る。

この時、彼女は「コーラ」を頼む。確か字幕に「コーラ」と出たと思うが、小学生にはこれが何か分からなかった。

コカ・コーラは、例えば小津安二郎監督の『麦秋』（51年）で、原節子の友人の淡島千景が、あなたは金持の男性と結婚して、家の冷蔵庫にはコカ・コーラなんかがあって……というので、昭和二十年代の日本にも、あるところにはあったと分かるが、広く日本で知られるようになるのは、一九六四年の東京オリンピックの直前あたりからだろう。

だから当然、小学生には「コーラ」と言われても分からない。それほどに『ジャイアンツ』が公開された頃には、日本人にとってアメリカはまだ遠かった。

『ジャイアンツ』に出てきた、もうひとつの「分からないアメリカのモノ」はジュークボックスだった。

次回は、これについて書こう。

（2020・1・21）

第43周

『ジャイアンツ』にでてきたジュークボックスの話から…ジャン・ギャバンの『現金に手を出すな』…最後は『かくも長き不在』につながりました。

ジョージ・スティーヴンス監督の『ジャイアンツ』（56年）には、コカ・コーラと並んで当時の小学生には、いや、多くの日本人にも、物珍しいモノが出てきた。あとでそれと分かるジュークボックス。

テキサスの大牧場主ロック・ハドソンと、その妻でリベラルな女性、エリザベス・テイラーとの一九二〇年代から五〇年代にわたる夫婦の、そして家族の長大な物語。

一九五〇年代。夫婦も年老いてきている。息子（デニス・ホッパー）は、思いがけずメキシコ人の女性と結婚した。まだ人種差別の強い時代。

ある時、一家で外出する。テキサスの街道沿いのカフェに入る。白人の主人は人種差別主義者で、メキシコ人の女性が店に入って来たことにあからさまに嫌な顔をする。

それに腹を立てたロック・ハドソンがこの主人と喧嘩をする。壮絶な殴り合いになる。結局、ロック・ハドソンは年齢のせいもあって殴り倒されてしまう。あとで、妻のエリザベス・テイラーが「あなた、素敵だったわよ」というのが感動的。喧嘩には負けたが、メキシコ人の嫁を守ろうと戦った夫を称えている。

この殴り合いのシーンにジュークボックスが登場する。カフェにジュークボックスがあり、それに殴られ倒れ込んだ相手がぶつかったために、突然、鳴り出す。

テキサスを舞台にした映画らしく、流れ出る曲は『テキサスの黄色い薔薇』。いまとなっては、その機械はジュークボックスと分かるが、『ジャイアンツ』が日本公開された一九五六年当時、小学生には、コカ・コーラと同じようにそれが何かは分からなかった。

だからこそ、のちに一九六四年の東京オリンピックの頃から、日本でもジュークボックスが普及してゆくなかで、『ジャイアンツ』のあの『テキサスの黄色い薔薇』をかなでた機械は、ジュークボックスだったのかと、ようやく納得したものだった。

ジュークボックスが印象に残った映画がもう一本ある。

日本では、『ジャイアンツ』の前、一九五五年に公開された、フランスのフィルム・ノワールの傑作、ジャック・ベッケル監督の『現金《げんなま》に手を出すな』(54年)。

私自身は公開時には観ていなくて、のちに高校生の時、テレビ放映で観たか(現在ではDVDになっている)。ここにあの『ジャイアンツ』に出た機械、ジュークボックスが出てきた。

ギャングのジャン・ギャバンが冒頭、行きつけのビストロで食事をする。店にジュークボックスが置いてある（無論、観ている私はそれとは知らない）。

コインを機械に入れるとレコードが選ばれて曲（『グリスビーのブルース』）が鳴り始める。この映画で初めて、ジュークボックスの仕組みを知った。ただ、まだその名前は、私の高校生の頃には、一般化していなかったと思う。

ジュークボックスは一九〇六年に発売されたのがはじまりとものの本にある。本格的に普及した

のは一九二七年から（『アメリカを知る事典』平凡社、一九八六年）。第二次世界大戦後に広まった。とくに人気になったのはワーリッツァー製のジュークボックスで、一九四六年から四七年にかけて五万六千台も生産されたという。

ちなみに、サム・ペキンパー監督の『ビリー・ザ・キッド 21才の生涯』（73年）の脚本を書いたルディ・ワーリッツァーは、このジュークボックスで知られるワーリッツァー家の出身。『現金に手を出すな』でジャン・ギャバンがコインを入れるジュークボックスは、カメラがそれをアップにすると、はっきりと「WURLITZER」とブランド名が記されている。

ジュークボックスが効果的に使われた映画として記憶に残るのは、日本では一九六四年に公開された、マルグリット・デュラス脚本、アンリ・コルピ監督の『かくも長き不在』（60年）。大学一年生の時にアートシアターで見た。

ナチスによる強制収容所体験の悲劇を核にしている。パリ郊外で小さなカフェを営むアリダ・ヴァリが、店の前をよく通るホームレス（ジョルジュ・ウィルソン）は、もしかしたら、ナチスに連れ去られた夫ではないかと思い、驚く。

そして、このホームレスが夫かどうかをさまざまな方法で確かめる。

そのひとつが、ジュークボックス。

一般にジュークボックスは、レストランや酒場に賃貸設置されるものだった。その状況をうまく使っている。これについては次回。

（２０２０・２・４）

第44周

『かくも長き不在』のジュークボックスの話から…山田洋次監督の『虹をつかむ男』と『遙かなる山の呼び声』、ともに『かくも長き不在』につながる作品です。

ジュークボックスが印象的に使われた映画にマルグリット・デュラス脚本、アンリ・コルピ監督の『かくも長き不在』（60年）がある。日本公開は一九六四年の夏。東京オリンピックのあった年で、このころから日本でもジュークボックスが普及している。

アリダ・ヴァリ演じる主人公のテレーズ・ラングロワはパリの西郊ピュトーで小さなカフェを営んでいる。カフェにはジュークボックスが置かれている。レコードの入れ替えの場面があるからレンタルのものだろう。

ヴァカンスで人が少なくなった夏のある日、テレーズは、町を歩く中年のホームレス（ジョルジュ・ウィルソン）に気付き、胸騒ぎがする。戦時中にナチスに連れ去られ収容所に入れられ、そのまま戦争が終わっても帰ってこない夫のアルベールによく似ている。しかし、確証はない。

ホームレスに話しかけてみて、記憶喪失であることを知る。戦争後遺症か。当然、テレーズのことが誰か分からない。

十年以上、夫の帰りを待っているテレーズはこのホームレスのことが気になって仕方がない。戦争によって引き裂かれた夫ではないのか。

テレーズはある試みを思いつく。

一日、ジュークボックスに、かつて夫が好んで聴いていたオペラのレコードを何枚か入れる。そしてホームレスをカフェに招き入れ、レコードをかける。

流れてくるのはロッシーニ『セビリアの理髪師』のアリア『蔭口はそよ風のように』。ホームレスは一瞬、懐しそうに聴き入るが、それ以上の反応は示さない。

夫ではないのか。別の日、テレーズは今度はホームレスを食事に誘う。店は休業にし、二人だけになる。ジュークボックスから今度は、やはり夫の好きな曲だったのだろう、『セビリアの理髪師』のアリア『アルマヴィーヴァの歌』が流れてくる。

二人は椅子に並んでジュークボックスから流れてくる愛の歌を聴く。その姿をうしろからカメラでとらえる。まるでジュークボックスが劇場で、二人はそこで上演されているオペラを鑑賞しているようでこのシーンは美しく胸を締めつけられる。

次にテレーズはシャンソンのレコードをかける。その曲に合わせ、テレーズはホームレスの手を取って踊り始める。

流れる曲は、この映画のために作られた『三つの小さな音譜』。作曲はジョルジュ・ドルリュ。作詞は、この映画が、一九六四年にアートシアターで公開された時のプログラムにある音楽評論家、蘆原英了の文章によれば、監督のアンリ・コルピ自身だという。歌っている歌手はコラ・ヴォケールで、ジャン・ルノワール監督の『フレンチ・カンカン』（54年）で主題歌の『モンマルトルの丘』を歌ったので知られる。

テレーズは踊りながらふと手をホームレスの頭のうしろにやる。頭に大きな傷跡があり驚く。この人は収容所でひどい目にあったらしい。

曲が終わったあと、ホームレスはなぜか逃げるように去ってゆく。

山田洋次監督・脚本の『虹をつかむ男』（96年）は、徳島県の吉野川沿いの小さな町で、経営難になりながらもなんとか昔ながらの映画館を続けてゆこうとする映画好きの館主の物語。

西田敏行演じるこの主人公は、好きな映画の話になると夢中になる。ある時、町の数少ない映画好きの前で熱を込めて話す映画は『かくも長き不在』。それも、テレーズが愛のシャンソンに合わせてホームレスと踊るシーン。このフランス映画の名場面であることが分かる。ちなみに、ホームレスが本当にテレーズの夫のアルベール・ラングロワであるのかどうかは最後まで明らかにされない。

『かくも長き不在』には、こんな印象的な場面もある。

自分一人ではホームレスが夫のアルベールかどうか自信がないので、ある時、テレーズは故郷からアルベールの叔母と甥を呼び、確認してもらおうとする。

ホームレスを店に呼び入れ、ビールを出し、椅子に座らせる。少し離れたテーブルのところに叔母と甥、そしてテレーズが座る。三人はホームレスに故郷のこと、テレーズがイタリアから移住してきたこと、アルベールが逮捕されたあとも彼女が独身でいることなどをホームレスに聞えるように大声で話し、反応をうかがう。

結局は何の反応もないのだが、このシーンを観て、ある映画を思い出さないだろうか。

いうまでもなく山田洋次監督の『遥かなる山の呼び声』(80年)。

警察に逮捕され、網走刑務所へ護送されてゆく高倉健の乗った列車のなかに、気のいい隣人、ハナ肇と、互いに愛し合うようになった倍賞千恵子が乗り込んでいる。護送の警官が付いているので二人は直接、高倉健には話しかけられない。

そこで隣の席に座り、大声で高倉健に聴えるように、倍賞千恵子が出所するまで高倉健を待つつもりでいることを話す。それを聴いて、高倉健が泣く!

この感動的な場面は、『かくも長き不在』のカフェの場面に想を得たのではあるまいか。

(2020・2・18)

第45周

山田洋次監督『遥かなる山の呼び声』の話から…
空中撮影と『張込み』、釧路を舞台にした映画…
最後は原田康子原作『挽歌』につながりました。

山田洋次監督『遥かなる山の呼び声』（80年）の高倉健は最後、逮捕され、釧路の裁判所で判決を言い渡されると、網走刑務所へと列車で護送されてゆく。

途中の駅で、気のいい土地の男、ハナ肇が、高倉健を慕う女性、倍賞千恵子と列車に乗り込む。ハナ肇の機転で、二人の刑事に監視されている高倉健の隣の席に座った二人は、高倉健に聞えるように、大声で話し、彼女が、ずっと彼を待っているつもりだとメッセージを送る。それを聞いた高倉健が思わず泣く。

この映画の名場面だろう。この場面は、アンリ・コルピ監督の『かくも長き不在』（60年）にアイデアを得ているのではないかと想像している。

泣く高倉健を見て、隣の席から近づいた倍賞千恵子が、刑事たちの許可を得て、ハンカチを渡す。映画史上最高のラブシーンのひとつといっても大仰ではないだろう。

『遙かなる山の呼び声』は、彼らを乗せた列車が北海道の大原野を走る姿を空中撮影でとらえるところで終わる。

空中撮影は現在ではドローンによって容易になったが、昔は飛行機によったので当然、製作費がかかった。そのために、空中撮影は、大作感を出すためにここぞという時にのみ行われたという。

これは山田洋次監督に直接、そう聞いた。山田監督が若き日、助監督を務めた松本清張原作、野村芳太郎監督の『張込み』(58年)には一ヶ所、空中撮影がある。刑事の大木実が車で、犯人の田村高廣の乗ったバスを追うところ。視点が地上から一気に天に変わり、広々とした風景のなかを走る車が小さな点に見える。『張込み』のなかで忘れられない場面だが、これこそ「大作感を出すための空中撮影」だろう。

『遙かなる山の呼び声』で高倉健が乗った列車は、釧路と網走を結ぶ釧網《せんもう》本線。

ハナ肇と倍賞千恵子が乗り込んで来た駅は駅名標示から弟子屈《てしかが》駅と分かる。釧網本線の主要駅。摩周湖、阿寒湖の玄関口で、この映画のあと一九九〇年に摩周駅と改称された。

釧路を舞台にした映画といえば、最近では桜木紫乃原作、篠原哲雄監督の『起終点駅 ターミナル』（15年）があるが、この町を有名にしたのはなんといっても、当時、無名の新人だった原田康子が書いてベストセラーになった小説の映画化、五所平之助監督の『挽歌』（57年）だろう。

小悪魔的な若い女性、久我美子が、妻子ある建築家の森雅之に恋愛感情を持つ。一方、森雅之の妻、高峰三枝子は、若い学生、渡辺文雄に慕われている。いわば四角関係。

釧路を舞台にしていて、映画は全篇、釧路とその周辺、釧路湿原でロケされている。

この映画が作られた昭和三十年代の北海道は、もっともいい時代にあった。

本土に比べれば空襲の被害は少なかったし、農業、漁業、林業、石炭など各産業は盛んで、豊かな土地だった。

原田康子の原作には、当時の釧路がいかに活気ある町だったかについてこうある。

「この市は終戦当時六万だった人口が、十年間に倍の十二万に膨れあがり、なお人が増え続けている街である」

いわばブームタウンになっていた。

その活気は、千島列島を失った根室にかわって漁業基地になったためであり、本州の大資本で水産や化学の工場が建ったためであり、さらに、市の背後に石炭や木材が豊富に産出するためだとされている。

そんな豊かな町を舞台にしている恋愛映画だから『挽歌』の世界はいまふうに言えば「おしゃれ」。久我美子演じるヒロインの兵藤怜子はごく自然に「アミ」（愛人）「コキュ」（寝取られ夫）といったフランス語を使う。北海道の一地方都市は決して「田舎」ではない。どこか外国の町のように見えてくる。

そんな町にふさわしく、町には「ダフネ」という名の喫茶店がある。いつもクラシックの名曲が流れている。

店主を演じているのは、渋い傍役、中村是好。

この店には、久我美子演じる兵藤怜子と、その若い演劇仲間がよく集まる。

それだけではない。建築家、森雅之の妻、高峰三枝子と、その若い恋人、渡辺文雄もやってくる。

クラシックの曲が流れるしゃれた喫茶店が、人妻と若い愛人のしのび逢いの場になっている。

（２０２０・３・３）

第46周

五所平之助監督『挽歌』の話から…ヘンデル、市川崑の『細雪』…最後は最近四度目の映画化もされたオルコット原作『若草物語』につながりました。

原田康子の昭和三十年代のベストセラー小説の映画化、五所平之助監督の『挽歌』（57年）は、釧路の町が、もっとも活気があり、豊かだった時代を舞台にしている。

森雅之演じる建築家の家は、丘の上にある瀟洒な家。当時はまだ新しかった建材、ブロックが壁に使われている。庭には白樺の木が植えられている。

ヒロインの久我美子演じる兵藤怜子は金持のお嬢さん。母親は亡くなっているが、父親（斎藤達雄）は小さな漁業関係の会社を経営している。パイプをくゆらす紳士。

映画も原作同様、大ヒットした。その背景には、まだ戦後の混乱が残っていた本土の人間の「北の豊かな国」への憧れがあっただろう。私の住む杉並区の住宅地で、白樺を植える家が増えたのは、この映画の影響ではなかったか。

豊かな町にふさわしく、釧路の町には、「ダフネ」というしゃれた喫茶店がある。いつも店内にはクラシックが流れている。

主人（中村是好）は芸術好きなのだろう。久我美子が所属するアマチュア劇団は、この店をたまり場にしている。

それだけではない、ある日、久我美子がこの店にいると、建築家の美しい妻、桂木夫人（高峰三枝子）と、その恋人、まだ学生の渡辺文雄が、隅のほうの目立たない席に着く。この店は、不倫の男女の密会の場にもなっているようだ。

この場面で店内に流れている曲は、バッハと並ぶバロック音楽の大作曲家、ヘンデルのチェンバロの小曲。『調子のよい鍛冶屋』の名で親しまれている。昭和三十年代のはじめにバロックを流しているのだから、かなりおしゃれな店であることがうかがえる。

『調子のよい鍛冶屋』は、近年では西川美和監督の『永い言い訳』（16年）の最後のクレジットのところで流れる。明るく軽やかな曲で、妻の死を描く映画としては意外な選曲だった。

ヘンデルの曲が流れた映画としては、ピーター・イエーツ監督の『ジョンとメリー』（69年）で、ダスティン・ホフマンがミア・ファローに『王宮の花火の音楽』のレコードを聴かせるのが記憶に残る。

日本映画でヘンデルといえば、谷崎潤一郎の『細雪』の三度目の映画化、市川崑版（83年）がよく知られている。

冒頭のタイトルシーン、蒔岡家の四姉妹（岸惠子、佐久間良子、吉永小百合、古手川祐子）が恒例の京都での花見をする場面に、ヘンデルの『ラルゴ』が流れる。音楽としてクレジットされシンセサイザーによって編曲されたもの。最後にもこの曲が流れる。音楽としてクレジットされる「大川新之助」は市川崑と録音の大橋鉄矢のこと。

ヘンデルの『ラルゴ』は、オペラ『セルセ』（クセルクセス）のなかの有名なアリア『オンブラ・マイ・フ』（なつかしい木陰よ）の別名。日本ではこの曲は、テレビの洋酒のCMで黒人の歌手キャスリーン・バトルが歌い一躍、人気曲になった。

『細雪』は、いうまでもなく、船場《せんば》の商家の美しい四姉妹、鶴子、幸子、雪子、妙子の物語。

これまで三度、映画化されている。四姉妹を演じた女優の名を記すと――、

阿部豊監督『細雪』（50年）では、花井蘭子、轟夕起子、山根寿子、高峰秀子。

島耕二監督『細雪』（59年）では、轟夕起子、京マチ子、山本富士子、叶順子。

市川崑版は前出の通り。

三作のなかでは作品の出来は、市川崑版が出色の出来。ただ原作と少し違って次女の幸子の夫、貞之助（石坂浩二）の、嫁いでゆく三女、雪子への想いが強く描かれている。

阿部豊版は原作には忠実だが、いかんせん男優陣に魅力がない。じじむさすぎる。島耕二版は、時代設定を現代に変えてしまったので論外。ただ他の二作では描かれない阪神大水害が描かれたのは貴重。

『細雪』は美しい四姉妹の物語だが、アメリカ映画で四姉妹ものと言えば、誰もが思い浮かべるのは、ルイザ・メイ・オルコット原作の『若草物語』だろう。

すでに三回映画化されている。

作品として評価が高いのは最初の映画化作品、ジョージ・キューカー版（33年）。次女のジョーを演じるキャサリン・ヘプバーンが名演とされた。私などの世代には、戦後公開されたマーヴィン・ルロイ版（49年）が懐かしい。四姉妹を演じたのは、ジャネット・リー、ジューン・アリソン、エリザベス・テイラー、マーガレット・オブライエン。子役のオブライエンの演じるベスは本来三女だが、彼女の年齢に合わせ末娘になった。美しい三女、リズ・テイラーが寝る前にいつも鼻を高くしようと、洗濯ばさみで鼻をはさむのは語り草。

三度目のジリアン・アームストロング監督版（94年）では、ジョー役のウィノナ・ライダーが、アカデミー賞主演女優賞にノミネートされた（受賞は逸したが）。

そして、四度目の映画化作品『ストーリー・オブ・マイライフ　わたしの若草物語』（19年）は、グレタ・ガーウィグ監督、シアーシャ・ローナン主演。

この素晴らしい映画については次周に。

（2020・3・17）

第47周

四度目の映画化『若草物語』の話から…女性が大事な髪を切ること…最後は『ローマの休日』のオードリー・ヘプバーンにつながりました。

二〇二〇年に公開されたアメリカ映画『ストーリー・オブ・マイライフ　わたしの若草物語』（19年）が素晴らしい。ルイザ・メイ・オルコットの『若草物語』の四度目の映画化になる。

監督は女優として『フランシス・ハ』（12年）に主演し、監督として『レディ・バード』（17年）を手がけた、いまもっとも輝いている女性グレタ・ガーウィグ。

四人姉妹のそれぞれの生き方を追っているが、中心になるのは『レディ・バード』のシアーシャ・ローナン演じる次女のジョー。作者のオルコット自身が投影されている。

時代は南北戦争が戦われていた一九世紀のなかば、女性が職業に就くことなど考えられなかった時代。メリル・ストリープ演じる四人姉妹の伯母は、現実をよく知っているから「女が働く場所なんて、売春宿の主人か女優しかない」と皮肉っぽく言う。だから四姉妹が、金持の男性と結婚することを望んでいる。

そんな時代にあって、ジョーは作家になるという夢を持ち、最後それを実現する。

ピーター・ラビットの生みの親、ビアトリクス・ポターをレニー・ゼルウィガーが演じた『ミス・ポター』（06年）や、二〇一九年に公開された、『長くつ下のピッピ』などで知られるスウェーデンの作家アストリッド・リンドグレーンの若き日を描いた『リンドグレーン』（18年）に通じるものがある。

女性が社会に出て働くことさえ難しかった時代に、作家を志す。『ミス・ポター』には、ポターがはじめての自分の作品『ピーター・ラビット』が書店のウィンドウに飾られるのをみて、うれしそうに微笑むいい場面があったが、『ストーリー・オブ・マイライフ』でも、シアーシャ・ローナン演じるジョーが、印刷屋で自分の最初の本が印刷され、製本されてゆくのを、やはりうれしそうに見る場面が心に残る。

作家になるのが夢だった者には、はじめて自分の本が出来るのを見るのは大きな喜びになる。

『若草物語』には、いくつもの印象的な箇所があるが、よく知られているのは、ジョーが自慢の髪を切るくだりだろう。

四姉妹の父親は牧師。戦争が始まると、北軍の従軍牧師として戦地に行く。ある時、父が負傷してワシントンの病院に搬送されたと知らせが入る。

母親が病院に駆けつけることになる。交通費などがいる。心配したジョーは、ひそかに母親のためにお金を作ろうとする。

どうするか。自慢の髪を切って、それをお金にかえる。『ストーリー・オブ・マイライフ』にもこの場面がある。

髪は女性の命と大事にされていた時代。思い切った決断であり、ジョーが意思の強い娘であることが分かる。

女性が大事な髪を切る。

それで思い出す映画は、オー・ヘンリーの五つの短篇を映画化したオムニバス『人生模様』（52年、原題は“O Henry's Full House”）の第五話「賢者の贈り物」（ヘンリー・キング監督）。

若く貧しい夫婦（ファーリー・グレンジャーとジーン・クレイン）がいる。クリスマスが近づいてくる。愛し合っている二人は、ひそかにプレゼントを用意する。お金がないから、それぞれ大事なものを売る。

夫は、時計を売って髪のきれいな妻のために髪飾りを。一方、妻はそのきれいな髪を切り、売って、そのお金で夫の自慢の時計のために鎖を。結局、プレゼントは無駄になるのだが、二人は皮肉な結果にかえって愛情を確かめ合う。ほほえましい夫婦の愛の物語。

前出の『リンドグレーン』にも、若き日のアストリッド（アルバ・アウグスト）が、一九二〇年代の先端的なモダンガールは、髪を短く切る（ボブヘア。日本では断髪）と知って、思い切って髪を切る場面がある。

娘が髪を短くしたのを見て驚いた母親は「地獄への片道切符だわ」と嘆く。一般的にはまだまだ女性が髪を切るなどあってはならないことだった。

長い髪を切って短くする。

それでいちばん有名なのは、ウィリアム・ワイラー監督『ローマの休日』（53年）のオードリー・ヘプバーンだろう。

自由を求めて公邸を逃げ出した王女は、新聞記者、グレゴリー・ペックのアパートに泊まったあと、一人でローマの街を歩く（無論、そのあとを新聞記者が追う）。

王女はトレヴィの泉の前にある床屋で足をとめる。ショウウィンドウに、短い髪にした女性たちの写真が何点か飾ってある。

それを見て、意を決した王女は、床屋へ入る。そして――。

（2020・3・31）

第48周

ヘプバーン『ローマの休日』の話から…髪を切る女性、丸坊主のパルチザン…最後は、ショートヘアのジーン・セバーグにつながりました。

『ローマの休日』（53年）のオードリー・ヘプバーンは、トレヴィの泉の前にある床屋に入る。思い切って髪を切ってもらう。

椅子に座って、「髪を切って」。長い髪の女性がそう言うので床屋は驚く。「このくらい？」と長い髪の先のほうを少しだけかと聞くと、王女のオードリーは「もっと短く、もっと」。

「本当にいいんですね」と床屋のほうが逡巡するのが可笑しい。一九五〇年代でもまだ女性が髪を切るのは珍しかったのだろう。

この場面のオードリー・ヘプバーンは本当に自分の髪を切った。短い髪のオードリーの可愛いこと。本人も鏡を見て、思わずにっこり。女性のショート・ヘアはここから始まったといっても大仰ではないだろう。

オードリー・ヘプバーンは『ローマの休日』のあと、もう一本の映画で髪を短くしている。フレッド・ジンネマン監督の『尼僧物語』(59年)。第二次世界大戦前のベルギーでオードリー演じる敬虔な女性はカトリックの修道院に入る決意をする。若い女性にとって大変な決意である。修道院に入り、しばらく見習いの期間があっていよいよ尼僧になる。その儀式として長い髪を切る。この映画でも、オードリー・ヘプバーンは、本当に自分の髪を切ったという。

この映画は、最後、意外な終わり方をする。オードリーは長く務めた修道院を出ることになる。なぜか。第二次世界大戦が始まり、ドイツ軍がベルギーを占領する。難民救済の仕事をしていた父親がドイツ軍に殺される。教会は中立の立場をとる。教会かレジスタンスか。その板挟みに悩んだ末に、彼女はレジスタンスを選ぶ。映画は、彼女が修道院を出てゆくところで終わる。力強い、硬派の映画である。

第二次世界大戦も女性の髪と縁がある。

マルグリット・デュラス原作、アラン・レネ監督『二十四時間の情事』(59年)の、フランスから広島にロケに来た女優(エマニュエル・リヴァ)には、つらい過去がある。第二次世界大戦中、彼女はドイツ占領下の町でドイツ兵と愛し合った。ドイツ兵だから愛したのではなく、愛した男がたまたまドイツ兵だったのだろう。

それでも、フランス人には、敵兵と恋愛することなど許し難いことだった。そのため、フランスが解放された時、彼女は町の人々に捕えられ、リンチ同然に髪を切られ、丸坊主にされ、町を引き回された。女性にとって屈辱である。

ドイツに占領された国では、解放後、ドイツ兵と通じた自国の女性への処罰として、髪を切って丸坊主にしたことが多くあったようだ。

マーティン・リット監督に『五人の札つき娘』(60年)という異色作がある。凄い日本語題名だが、原題も“Five Branded Women”。

いまではほとんど語られない映画で、ビデオになっていないし、テレビで放映されることもまずないが、年輩の映画ファンなら御記憶だろう。

第二次世界大戦下のユーゴスラヴィアが舞台。小さな村の五人の女性たちがドイツ兵を愛してしまう。そのため怒ったパルチザンたちが、彼女たちの髪を切り、丸坊主にしてしまう。

五人の〝札つき娘〟は、その後、パルチザンに加わり、ドイツ兵と戦うことになる。

レジスタンス映画なのだが、丸坊主の女性たちが戦うというので、珍品扱いされてしまった。

五人を演じる女優が凄い。シルヴァーナ・マンガーノ、ジャンヌ・モロー、ヴェラ・マイルズ、バーバラ・ベル・ゲデス、カルラ・グラヴィーナ。

当初は、マンガーノではなくジーナ・ロロブリジータが予定されていて、彼女の丸坊主の写真が日本の映画雑誌に載って話題になったこともあったが、結局、彼女は降り、製作者であるイタリアの大プロデューサー、ディノ・デ・ラウレンティスの夫人、シルヴァーナ・マンガーノに代わった。

映画史上、髪を短くした女優で有名なのは、戦前のアメリカの女優ルイーズ・ブルックスだろう。

一九二九年にドイツに行き、G・W・パプスト監督の『パンドラの箱』（29年）で断髪の魅力を見せつけた。

戦後の女優でいえば、ジーン・セバーグが随一。オットー・プレミンジャー監督の『聖女ジャンヌ・ダーク』（57年、未公開）で坊主に近いほど、極端なショートにした。これが似合ったためだろう、フランソワーズ・サガン原作、プレミンジャー監督の『悲しみよこんにちは』（58年）の小悪魔的なセシールを演じた時にも、この髪型にした。セシール・カットとして大評判になったことは御存知の通り。

これ以後、ミア・ファロー、マルレーヌ・ジョベール、そしてツイッギーらショートヘアのスターが続いてゆく。

日本でショートの似合った女優は、個人的な思い出は、一九六〇年代、倒産してしまう新東宝で少女役が可愛かった星輝美が心に残る。『悲しみよこんにちは』公開時のイベント、ミス・セシール・カット・コンクールに優勝して新東宝入りした。若くして引退してしまったのが惜しまれるが、近年の新東宝リバイバル・ブームで再び注目を浴びているのはうれしい。


（2020・4・14）

第49周

女性の髪の話。成瀬巳喜男監督の『おかあさん』から…美容院の始まり、『細雪』…最後は高峰秀子が美容師を演じた『女の歴史』につながりました。

女の子が髪を切る。

日本映画で、この場面が印象的なのは、なんといっても成瀬巳喜男監督の『おかあさん』（52年）だろう。

大田区の蒲田あたり（と思われる）に住むクリーニング店一家の物語。

母親、田中絹代の妹、中北千枝子は満州からの引揚者。夫は戦死した。いわゆる戦争未亡人。小さい男の子（当時の名子役、伊東隆）を姉の家に預け、美容師の資格を取るために修業中。

ある時、髪を切る練習をするために、姉の家の次女、小学生の女の子（榎並啓子）の髪を切らせてもらうことになる。

女の子は、おしゃれで長い髪を大事にしているので、嫌がるが、母親に「叔母さんは戦争で苦労しているんだから、役に立ってあげなさい」といわれ、髪を切られる。

でも、やはり悲しい。鏡に映る短くなった髪を見て、姉の香川京子の前で「リボンが結べなくなっちゃった」とべそをかくのが、愛らしい。まだ小学生でも、女の子。髪の毛はやはり〝女の命〟だった。

中北千枝子は成瀬巳喜男監督作品に必ずといっていいほど登場する傍役。彼女が『おかあさん』で演じている女性は、前述のように戦争未亡人。そして、女一人で生きてゆくために手に職をつけようと美容師になる勉強をしている。

美容院が始まったのは、大正十二（一九二三）年、美容師の先駆けである山野千枝子が、この年に完成した東京駅前の丸ビルのなかに「丸の内美容院」を開いたのが最初。

昭和に入って東京など大都市に広まっていった。谷崎潤一郎の『細雪』では、蒔岡家の三女、雪子の縁談のために奔走する井谷夫人（市川崑版の『細雪』では横山道代〔道乃〕が演じた）が、神戸の美容院の女主人であることはよく知られている。当時は、最先端の自立した女性の職業だった。

昭和モダニズムの作家、吉行エイスケの夫人で、吉行淳之介、吉行和子、吉行理恵の母親の吉行あぐりが、東京の市ヶ谷で美容院を開いたのは昭和四（一九二九）年。働くモダン女性のはしりである。

昭和十三（一九三八）年の映画、吉屋信子原作、清水宏監督の『家庭日記』の三浦光子演じる主人公は、関東大震災後に急速に発展した新興の盛り場、新宿に「リラ美容院」というおしゃれな店を開く。映画に登場した美容院の早い例だろう。

しかし、戦時色が強まるにつれ、「ぜいたくは敵だ」とパーマネントは禁止された。

復活するのは戦後になってから。


戦争は、未亡人を多く生んだ。

彼女たちが生計をたてられるように行政は美容師養成に力を入れた。『おかあさん』の中北千枝子は、そうした時代、美容師を志している。

同じ成瀬巳喜男監督の『女の歴史』(63年)では、高峰秀子が美容師を演じている。

この映画は、戦中から戦後を生きた女性の苦労の多い人生を辿っている。高峰秀子演じる主人公は、戦前、深川の木場で裕福な材木商の息子、宝田明と結婚するが、日中戦争が始まり、夫は兵隊に取られ、戦死してしまう。

戦後、女手ひとつで男の子を育てて生きてゆかなければならない。闇のかつぎ屋をしている時に、気

のいい姉御肌の女性（淡路恵子）と知り合う。

この女性は戦前、美容師をしていた。そして、戦後の混乱期をなんとか乗り切ると、再び美容院を開く。

彼女の影響で、高峰秀子演じる主人公も美容師になる。当時、こういう、戦争未亡人から美容師になった女性は多かったのだろう。

高峰秀子は美容師として身を立ててゆき、昭和三十年代のなかばには自由ヶ丘あたりに店を持つようになっている。

この美容院では、若い女性の美容師が主人の高峰秀子に「先生」と言っている。そういえば、小津安二郎監督『東京物語』（53年）の長女、杉村春子は東京の下町で「うらら美容院」という小さな店を構える美容師で、若い女性の助手から「先生」と呼ばれていた。

『女の歴史』の主人公、高峰秀子は不幸な女性で、夫が戦死しただけではなく、せっかく育てた一人息子、大手自動車会社のセールスマン、山﨑努を自動車事故で亡くしてしまう。この映画が作られた昭和三十八年といえば、東京オリンピックが開かれる直前で、日本が急速に車社会化している時。それにともなって交通事故も多発していた。

時代を反映してだろう、この時期の成瀬巳喜男作品には、交通事故がよく描かれる。『女の歴史』をはじめ、『ひき逃げ』（66年）、そして遺作の『乱れ雲』（67年）と続く。

（2020・4・28）

第50周

成瀬巳喜男監督『女の歴史』の話から…交通事故、盲目の主人公、『街の灯』…最後はランドルフ・スコットの『決闘コマンチ砦』につながりました。

成瀬巳喜男は後年、交通事故死を描く映画を三本作っている。

『女の歴史』（63年）では、戦争未亡人の高峰秀子が、息子の山崎努を自動車事故で亡くす。『ひき逃げ』（66年）では、やはり未亡人の高峰秀子が、五歳になる男の子を交通事故で失ない、その加害者である金持の夫人、司葉子に復讐しようとする。成瀬巳喜男にしては珍しく激しい怒りの映画。

遺作となった『乱れ雲』（67年）では、司葉子が夫の土屋嘉男を、加山雄三の運転する車の交通事故で失なう。

この三作を、ひそかに〝成瀬の交通事故三部作〟と呼んでいる。

最後の『乱れ雲』（脚本、山田信夫）では、被害者の司葉子が、加害者である加山雄三の素直に詫び続ける誠実な人柄に次第に惹かれてゆき、最後は愛し合うようになる。恨みを越えた恋愛映画になっている。

被害者が加害者と次第に愛し合うようになる。これにはアメリカ映画に先例がある。『乱れ雲』は、この映画にヒントを得ているのではないかと推測している。

近年評価が高くなっているダグラス・サーク監督の『心のともしび』(54年)。日本では昭和三十(一九五五)年に公開されている。

ロック・ハドソン演じる富豪の息子が、乱暴にモーターボートを運転して事故を起こす。病院に運ばれ、貴重な酸素吸入器を使ってなんとか助かる。しかし、同じ病院に入院していて吸入器を必要としていた患者が、ひとつしかない吸入器を使えず死んでしまう。

事実を知ったロック・ハドソンは、死んだ患者の妻ジェーン・ワイマンに詫びるが、簡単には許してもらえない。金持の道楽息子の遊びのために夫は死んだと、ジェーン・ワイマンは詫びるロック・ハドソンを冷たく拒否する(このあたり『乱れ雲』に似ている)。

しかも悪いことに、ロック・ハドソンの運転する車に乗ったジェーン・ワイマンが降りる時に後ろから来た車にはねられ重傷を負う。

失明してしまう。罪悪感にとらわれたロック・ハドソンは心を入れ替え、ひそかに彼女の回復に力を貸す。

最後は再び目が見えるようになったジェーン・ワイマンが、親身に看病してくれたロック・ハドソンと抱き合う。よく出来たメロドラマ。現在、DVDになっている。

ジェーン・ワイマンは一九四八年の作品『ジョニー・ベリンダ』（ジーン・ネグレスコ監督）で耳が聞えず、言葉も喋れない聾啞の女性を演じてアカデミー賞主演女優賞を受賞。

それを受けて『心のともしび』では、交通事故によって一時的に失明する女性を演じた。視力を失なった女性が最後に手術によって見えるようになり、自分の恩人を「あなたでしたね」と知る。

この『心のともしび』につながるメロドラマの原型はチャップリンの『街の灯』（31年）であることは言うまでもない。

チャップリンが、目の不自由な町の花売り娘（ヴァージニア・チェリル）のためになんとか大金を作るが、自分は強盗と間違えられ、刑務所に入れられる。

何年かたって、出所したチャップリンは町で花売り娘に会う。娘はもちろん顔を見てもそれが恩人とは分からない。

しかし、手を触れたとたんに分かる。「あなたでしたのね」。サイレントなので字幕に「Ｙｏｕ」と出る。

一時的に失明していた女性が、治療の甲斐あって再び目が見えるようになる。そしてはじめて恩人の顔を見る。その場面が印象的だったのはデルマー・デイヴィス監督の西部劇『縛り首の木』(59年)。ゴールドラッシュに沸くモンタナ州の町に孤高の医師ゲイリー・クーパーがやってきて開業する。

ある時、西部へ移住する途中、強盗に襲われた女性を助ける。彼女は焼けつく太陽の光で目をやられている。クーパーが献身的に治療する。ようやく目が見えるようになった彼女がクーパーに恋をするのはいうまでもない。

この女性を演じたのはスイス出身で独仏の映画界で活躍し、ハリウッド入りしたマリア・シェル。治療してくれるクーパーに「あなたは背が高い方ですね。他の人よりずっと歩く音がゆっくりしていますもの」というのが可愛かった。

盲目と西部劇で忘れ難い映画がある。

ランドルフ・スコット主演の『決斗コマンチ砦』（62年）。ランドルフ・スコットは好きな俳優だったが正直なところ作品は、いまひとつのものが多い。そんななか、この映画はよく出来ている。

原作はバート・ケネディ。監督はバッド・ベティカー。

ランドルフ・スコット演じる主人公は、何年か前に妻を先住民族にさらわれた。何年もその行方を追っている。

ある時、コマンチ族のなかに白人の女性がいると聞いて行ってみるとまたしても妻ではなかった。それでも彼女を交換物資で取り戻し、夫の元に届けてやる。

自分はこんなにも苦労して妻を探し続けているのに、この女性の夫はなぜ探さないのか。冷たい夫だと思っているが、最後、夫に会って疑問が氷解する。目が見えない男だった。

（2020・5・12）

第51周

『決闘コマンチ砦』の話から…『捜索者』『地獄の黙示録』『ディア・ハンター』、ロシアン・ルーレット…最後は女の殺し屋たちの話につながりました。

ランドルフ・スコット主演の『決闘コマンチ砦』（62年）は、妻を先住民族にさらわれた男が主人公になる。

西部開拓期には、実際に白人の女性や子供が先住民族にさらわれる例は多く、西部劇はそれを反映している。

このジャンルの代表作といえば、言うまでもなくジョン・フォード監督の『捜索者』（56年）。ジョン・ウェイン演じる南軍の元兵士が数年ぶりに故郷のテキサスに戻ってくると、二人の幼ない姪がコマンチ族にさらわれてしまう。そのあと、奪還の旅に出る。

アメリカの映画評論家スチュアート・バイロンによると『捜索者』はその後のアメリカ映画に大きな影響を与えているという。つまり、異国に消えた同胞を捜索するというテーマである。

コッポラ監督の『地獄の黙示録』（79年）がそのひとつで、東南アジアのジャングルの〝闇の奥〟

に消えたマーロン・ブランドを同胞のマーティン・シーンが探しに行く物語。

同様にマイケル・チミノ監督の『ディア・ハンター』（78年）も、やはり『捜索者』のテーマを受継いでいて、サイゴンの魔窟に沈んだクリストファー・ウォーケンを、親友のロバート・デ・ニーロがなんとか救い出そうとする物語。

ベトナム戦争を戦ったアメリカにとっては、東南アジアのベトナムは、西部開拓史における先住民族の地と同じ異界だった。そこから『捜索者』の物語がよみがえった。

余談だが、『ディア・ハンター』のクリストファー・ウォーケンは素晴しく、当時、日本でこの映画がきっかけで彼のファン・クラブが作られた。私が会長を務めた。

『ディア・ハンター』のクリストファー・ウォーケンはベトナムで戦ったあと、サイゴンの魔窟に入り込み、ロシアン・ルーレットのプレイヤーになる。

拳銃のなかに一発だけ弾丸を入れ、弾倉を回転させて、引き金を引く。命がけのギャンブルである。もともとロシアの貴族が勇気を試すために始めたものだという。

映画のなかに登場したロシアン・ルーレットの早い例としては、プレストン・スタージェス監督のブラック・コメディ『殺人幻想曲』（48年）がある。ジュネス企画でDVDが発売されている。

レックス・ハリソン演じる高名な指揮者には若く美しい妻リンダ・ダーネルがいる。年齢が離れているので、妻が浮気するのではないかといつも気が気ではない。

あるとき、私立探偵の調べで、妻がどうも自分の秘書と浮気しているらしいと知る。嫉妬に狂った指揮者は、演奏中、さまざまな方法で、その秘書と妻を殺害する方法を妄想する。

そのひとつがロシアン・ルーレット。浮気の現場をつきとめ秘書に向かってロシアン・ルーレットを迫る。

秘書がおじけづくと、「弱虫め、俺が勇気を見せてやろう」と自分で引き金を引き、死んでしまう（もちろん妄想）。

ロシアン・ルーレットは、意外なことにイングマル・ベルイマンの映画にも登場する。ベルイマンにしては喜劇の味わいがある『夏の夜は三たび微笑む』（55年）。二十世紀初頭のスウェーデンのある町を舞台に男女の恋模様を描いている。

中年の弁護士（グンナール・ビョルンストランド）が夏の一夜、戯れに貴族の妻（マルギット・カールキスト）に近づく。それを知った夫の伯爵（ヤール・クーレ）が怒って決闘を申し込む。

彼は決闘好きの軍人。これまで何度も戦って勝ってきた。今回の決闘の方法に選んだのがロシアン・ルーレット。

中年の弁護士が恐る恐る引き金を引くとズドン。幸い伯爵のいたずらで実弾の代わりに煤の固まりが入っていた。弁護士は命は助かるのだが、顔が煤で真黒になってしまう。


最近の映画にもロシアン・ルーレットは登場する。

ピアース・ブロスナン主演、ロジャー・ドナルドソン監督の『スパイ・レジェンド』(14年)。ちなみに西部劇とスパイ映画は個人的にもっとも好きなジャンル。

この映画は、冷戦終結後、ロシアでのあらたな火種となったチェチェン紛争を描いているのが新鮮。CIAのエージェントだったピアース・ブロスナンが、引退後、かつての恋人がCIAによって殺されたことに怒り、元いたCIAと、そして、その裏でチェチェン紛争を共謀したロシアの諜報機関と戦ってゆく。

チェチェン紛争を引き起したロシア側の大物の悪党をようやく捕え、真相を聞き出そうとする時にロシアン・ルーレットを使う。

弾丸を一発だけ入れた拳銃を相手に突きつけ「お前の国のやり方でやらせてもらう」と迫る。

この映画にはヒロインのオルガ・キュリレンコの他に、一人、強烈な印象を与える女性が出てくる。ロシア側の殺し屋。細身でしなやか。拳銃、ナイフで容赦なく標的を殺す。狐のような精悍な顔をしていて一度見たら忘れられない。

アミラ・テルツィメヒッチという憶えにくい名の女優が演じている。もともとロシアの体操の選手だという。

女の殺し屋といえばテレンス・ヤング監督『007／危機一発』（現『007／ロシアより愛をこめて』、63年）のロッテ・レーニャ、リュック・ベッソン監督『ニキータ』（90年）のアンヌ・パリローがよく知られているが、もう一人、忘れがたい女性がいる。

（2020・5・26）

第52周

『スティング』の〝騙し〟の名場面から…ジョージ・ロイ・ヒル『リトル・ロマンス』に出てくる映画好きの少年…最後は大陸横断超特急「二十世紀号」の話につながりました。

ジョージ・ロイ・ヒル監督の『スティング』（73年）は、いわゆるコンマン（詐欺師）たちがシカゴのギャングのボスをみごとに騙す愉快な映画だが、この映画には、あっと驚く騙しの名場面がある。ギャングではなく、観客をうまく騙している。

この映画はあまりに有名だし、拙文を読んで下さっている方は当然、観ていると思うのであえて書いてしまうことにする。

天才詐欺師ポール・ニューマンの下で修業することになったロバート・レッドフォードは、シカゴに行き、ギャングのロバート・ショーをはめる策略に一役買う。

彼は独身なのでいつも行きつけの食堂で食事をする。そこのウェイトレスと親しくなる。敵に追われるところを彼女に助けられたりして、やがてベッドを共にするようになる。

さほど美人とも思えない、やせた地味な女性である。ディミトラ・アーリスという他の映画では観たことのない女優が演じている。

だから観客の多くは、彼女のことをさほど気にもとめない。

ある日、ロバート・レッドフォードが彼女に会いに行く。彼のうしろから黒手袋をした謎の男がつけてくる。いきなり銃をレッドフォードの方に向けて撃つ。

あわやと思うと、男が撃ったのはレッドフォードの先にいるウェイトレスのほう。レッドフォードは驚くし、観客もなぜ彼女がと驚く。

と、額を撃たれて倒れた女の右手には拳銃が握られている。女は実はギャングの配下の殺し屋だった！

この場面は『スティング』のなかでいちばん驚いた。まさか、地味なウェイトレスが殺し屋だったとは。まさに究極の騙し。

ジョージ・ロイ・ヒルは、あえてディミトラ・アーリスというあまり知られていない目立たない女優を起用したのだろう。

それが成功した。


余談になるが、レッドフォードが食堂でウェイトレスの彼女にこんな注文をする。「定食を」と字幕に出るが、英語では“Blue Plate Special”と言っている。「本日の定食」のこと。

二〇〇三年に、食をめぐる短篇小説をつなげた本を日本放送出版協会から出版した。タイトルは『青いお皿の特別料理』。『スティング』でこの言葉を知って、使うことにした。

十三歳の男の子と女の子がヴェネチアの映画館に入る。ちょうど『スティング』が上映されている。ジョージ・ロイ・ヒル監督の『リトル・ロマンス』(79年)。ロイ・ヒルは自分の映画に自分の前の作品を巧みに入れた。

『リトル・ロマンス』は、パリっ子の男の子(セロニアス・ベルナルド)と、アメリカからパリにやってきた金持の娘(ダイアン・レイン)が親しくなり、橋の下で日没にキスをすると永遠に結ばれるという言い伝えのあるヴェネチアの「ためいき橋」まで旅をする愛すべきロードムービー。

この伝説を教えたイギリスの老紳士、実は詐欺師、ローレンス・オリヴィエが二人に同行することになる。

パリっ子の男の子は大の映画ファン。

冒頭、パリの映画館で観るのは、ジョージ・ロイ・ヒル自身の『明日に向って撃て!』(69年)。ポ

ール・ニューマンのブッチ・キャシディと、〝泳げない〟サンダンス・キッド、ロバート・レッドフォードが川に飛び込む場面に、男の子はにっこり。おそらく何度も観ているのだろう。

さらにハンフリー・ボガート、ローレン・バコール主演、ハワード・ホークス監督の『脱出』(44年)、ジョン・ウェイン、キム・ダービー主演、ヘンリー・ハサウェイ監督の『勇気ある追跡』(69年)、それにバート・レイノルズ、カトリーヌ・ドヌーヴ主演、ロバート・アルドリッチ監督の『ハッスル』(75年)。いずれもフランス語に吹替えられている。ハリウッドのスターたちがフランス語を喋ってるのがなんだか可笑しい。

男の子はヴェルサイユ宮殿で会ったアメリカの女の子の名前が「ローレン」と知ると、「僕のことはボギーと呼んでくれ」。

パリで撮影中の本物のブロードリック・クロフォードに会うと「あなたはリチャード・ウィドマークとは共演していませんよ」と本人も記憶があいまいになっているのを正したりする。

男の子と女の子がヴェネチアの映画館で観る『スティング』は、ちょうどポール・ニューマンが列車のなかでロバート・ショーとポーカーをするところ。

この列車は大陸横断超特急「二十世紀号」。ハワード・ホークス監督、ジョン・バリモア、キャロル・ロンバード主演のコメディ『特急二十世紀』(原題〝Twentieth Century〟、34年)で広く知られるようになった。

(2020・6・9)

第53周

『リトル・ロマンス』のダイアン・レインが読んでいたハイデガーの本の話から…『ハンナ・アーレント』、名門高級誌「ニューヨーカー」、ウディ・アレン…最後は映画のなかのハーモニカの話につながりました。

『リトル・ロマンス』（79年）のダイアン・レイン演じる十三歳の女の子は、頭のいい早熟な子どもでなんと『存在と時間』で知られる現代ドイツの実存主義哲学者マルティン・ハイデガー（一八八九〜一九七六）の本を読んでいる。凄い。

ハイデガーと言えば、マルガレーテ・フォン・トロッタ監督の『ハンナ・アーレント』（12年）に登場する。

ハンナ・アーレント（一九〇六〜一九七五）が若き日、大学で学んだ恩師であり、恋愛関係になった。

しかし、ハイデガーはナチスが権力を握ると、公然とヒトラーを支持、ナチス党に入党した。一方、ハンナはユダヤ人でフランスに亡命したが、ナチス占領時代、フランスの強制収容所に入れられた。

その後、脱出し、アメリカに亡命した。『ハンナ・アーレント』ではそんなハンナ（バルバラ・スコヴァ）とハイデガー（クラウス・ポール）の複雑な関係が描かれている。

『ハンナ・アーレント』は、ハンナの生涯のうち、一九六一年にイスラエルで行なわれたアドルフ・アイヒマンの裁判を傍聴したハンナが、その印象記を書くことに焦点を絞っている。

原稿を発表する雑誌はアメリカの名門高級誌「ニューヨーカー」。ハンナの文章は、アイヒマンを擁護していると誤読され、批判を浴びたが、編集長のウィリアム・ショーン（映画では、ニコラス・ウッドソン）はハンナを擁護した。

ショーンは名編集長で、編集長時代にジョン・ハーシーの『ヒロシマ』、トルーマン・カポーティの『冷血』、レイチェル・カーソンの『沈黙の春』など二十世紀に書かれた重要な作品を掲載している。

このウィリアム・ショーンの息子が、ニューヨークを中心に舞台、映画で活躍している俳優のウォーレス・ショーン。

ジョン・アーヴィング原作、トニー・リチャードソン監督の『ホテル・ニューハンプシャー』（84年）の熊使いが印象に残るが、この人の顔と名前を覚えたのは何といってもウディ・アレン監督・主演の『マンハッタン』（79年）。

前の妻（メリル・ストリープ）と別れたウディ・アレン演じる主人公のテレビのコメディ作家は、現在、十七歳の女学生、マリエル・ヘミングウェイと付き合っているが、四十二歳の自分とは年齢差がありすぎる。

そんな時に出会った文芸ジャーナリストのダイアン・キートンとたちまち恋愛関係になる。彼女も離婚歴がある。

かねがね、彼女はウディ・アレンに「前夫は精力絶倫、彼に性の喜びを教わった」と言っている。それで、ウディ・アレンはとびきりの二枚目の色男を想像していた。

ところがある時、二人でブティックに入ると、そこで偶然、前の夫に出会う。この男が想像していたとは大違い。背は低いし、二枚目にはほど遠い。頭は少しはげている。これにはウディ・アレンも、そして観客も驚く。

この意表を突く元夫を演じたのがウォーレス・ショーン。「ニューヨーカー」の名編集長の子供と知ってまたびっくり。

『マンハッタン』でウディ・アレン演じる主人公は予想通り、ダイアン・キートンに振られる。そこで彼が思い出すのが、年齢の差から一度は身を引いた十七歳のマリエル・ヘミングウェイのこと。

もう一度、会いたい。

思い出のよすがになるのが、以前、マリエル・ヘミングウェイからプレゼントされた小さなハーモニカ。それを取り出しながら、意を決してマリエル・ヘミングウェイに走って会いに行く。


映画のなかにはハーモニカ好きは多い。

大人では、マイケル・カーティス監督のヒューマン・コメディ『俺たちは天使じゃない』（55年）のハンフリー・ボガート、ピーター・ユスティノフと共に仏領ギアナの刑務所を脱獄したアルド・レイ。むくつけき男なのになぜかハーモニカ好き。他の二人が港町の雑貨屋に押入った時、帽子や葉巻を失敬するのに対し、この男は大好きなハーモニカに手を伸ばす。

ベルナルド・ベルトルッチ監督の『ラストタンゴ・イン・パリ』（72年）では、マーロン・ブランドがマリア・シュナイダーの前でハーモニカを吹きながら少年時代の思い出を語る。

レイモンド・チャンドラー原作、ロバート・アルトマン監督の『ロング・グッドバイ』（73年）では、エリオット・グールド演じるマーロウが、ラスト、並木道で、自分を裏切った女（ニーナ・ヴァン・パラント）とすれ違うとき、女の方を見ずにポケットからハーモニカを取り出し、それを吹きながら去ってゆく。

ハーモニカは少年時代の象徴になる。

ロバート・マリガン監督の『おもいでの夏』（71年）はラスト、〝ぼく〟、ハーミー（ゲイリー・グライムス）のこんな語りが流れる。

第53周
『リトル・ロマンス』のダイアン・レインが読んでいたハイデガーの本の話から…

「一九四二年の夏、ぼくたちは沿岸警備隊の詰所を四度も襲った。五本も映画を観た。九日も雨に降りこめられた。ベンジーが時計をこわし、オジーがハーモニカを捨て、そしてぼくはあの十五歳の日のハーミーを永遠に失ってしまった」。

（2020・6・23）

第54周

映画のなかのハーモニカ。『幻の馬』『野良犬』『マダムと女房』…ハーモニカ工場を舞台にした『明日をつくる少女』『涙』など。戦後すぐの時代、ハーモニカはもっとも手頃な楽器だった。

洋画だけではなく、日本映画にもよくハーモニカが登場する。まだ世の中が豊かではなかった時代、ハーモニカはもっとも手頃な楽器だったからだろう。

子供の頃に観た大映の児童映画、競馬の競走馬を育てる青森県八戸市の牧場一家を描いた若尾文子主演、島耕二監督の『幻の馬』（55年）では、若尾文子の弟の次郎という少年がハーモニカ好き。子馬が生まれると子守歌がわりによくハーモニカを吹く。その音色に励まされるように子馬は成長して、ダービーに出馬することになる。ところがレースの前に病気になる。心配した次郎は東京に行き、馬にハーモニカを吹いて聞かせる。馬はそれで元気になり、みごと優勝する。

しかし、無理がたたってレース後に死んでしまう。大映の社長、永田雅一がオーナーだったトキノミノルがモデル。競馬史上のレジェンドで、東京競馬場（府中）にはその銅像がある。

終戦後の映画、黒澤明監督の『野良犬』（49年）にもハーモニカが登場する。若い刑事の三船敏郎がピストルを奪われ、犯人を追って、夏の炎天下、東京の町を歩く。ある時、下町を歩いていると材木置場のところで工員らしい若い男が丸太に座ってハーモニカで『ドナウ川のさざ波』を吹いている。

連日、猛暑のなかピストルを盗んだ男を探して東京の町を歩き回っている刑事には、そのハーモニカの音色が一瞬の慰めになる。

国産ハーモニカの登場は大正のはじめという。昭和六（一九三一）年には、従来より音域の広いハーモニカが作られ、広く普及していった。

その昭和六年に作られた日本最初のトーキー作品、五所平之助監督、田中絹代主演の『マダムと女房』には、音楽にハーモニカの演奏が使われている。

日本のハーモニカ製作の祖、宮田東峰が作った学生ハーモニカ・バンドによる演奏。日本のトーキーはハーモニカから始まった。

昭和三十年代、ピアノは高嶺の花だった時代、ハーモニカは庶民にも手の届く楽器だった。町には小さなハーモニカ工場も多かった。

東京の下町出身の作家、早乙女勝元原作、井上和男監督（脚本には若き日の山田洋次）の昭和三十三年の松竹の青春映画『明日をつくる少女』は、東京の下町、荒川放水路沿いの鐘ヶ淵あたりのハーモニカの町工場で働く若者たちを描いている。山本豊三、桑野みゆき主演。

山本豊三はじめ工員たちが、隣の小学校の生徒たちにフォスターの『草競馬』をハーモニカで吹いてみせる楽しい場面がある。ハーモニカはたいていの若者が少し練習すればすぐに吹くことが出来た。

昭和三十一年の松竹の青春映画、川頭義郎監督、楠田芳子脚本の『涙』は、静岡県の楽器の町、浜松を舞台にしている。

主演は大映の若尾文子（可愛い！）、客演になる。

彼女は大手楽器メーカー（モデルはヤマハらしい）のハーモニカ製作部門で働いている。当時、多かった〝女工さん〟。

会社の合唱団に入っていて、昼休みに仲間たちとシューマンの『流浪の民』を歌う。伴奏はハーモニカ・バンド。ここでハーモニカを吹く石濱朗が彼女の恋人。同じ会社だが、彼のほうは事務職。

二人は愛し合っているが、若尾文子の家の事情で結婚に踏み切れない。以前、父親（明石潮）が会社の金を使い込んで逮捕された。母親はそれを苦にして自殺した。

いま父親はうらぶれて旅役者をしている。兄（佐田啓二）は気がいいが風来坊で頼りにならない。叔父夫婦（東野英治郎、岸輝子）に育てられた。

石濱朗の家は農家だが、地元の名家で、二人の結婚に反対する。若尾文子は、育ててくれた叔父夫婦への気兼ねもあって、二人のすすめる相手と見合いをする。

こういう場面、見合い相手は悪役になりがちだが、この映画の田村高廣演じる青年は、貧しくともすがすがしい好青年。

若尾文子に好きな男性がいたと知っても怒らない。それどころか、「僕は、誰も愛したことのない、誰からも愛されたことのない人をお嫁さんにもらおうとは思わない」と彼女をあたたかく受け入れる。

この二人が愛情を確かめ合う場面でハーモニカが使われる。田村高廣が、銀座のヤマハで買ってきた楽譜を見ながらフォスターの『夢見る人』をハーモニカで吹く。

ハーモニカの素朴な音色が二人のつつましい愛情によく合っている。

（2020・7・7）

第55周

楽器の町、浜松を舞台にした映画の話から…
中田島砂丘のロケ撮影、『砂の器』、食堂車…、
最後はデモ隊が歌っている労働歌の話につながりました。

川頭義郎監督の『涙』（56年）は、楽器の町、浜松を舞台にしている。

日本で砂丘というと鳥取の砂丘が有名だが、もうひとつ、この浜松市の海岸沿いにある中田島砂丘も知られる。

『涙』ではハーモニカ工場で働く若尾文子が、同じ工場で働く石濱朗と愛し合いながらも、家の事情で結婚をあきらめる。最後に二人が会う場所が中田島砂丘。

他に人の姿の見えない砂丘でパラソルをさした若尾文子が、石濱朗に別れを告げる場面は切なく、哀しい。

浜松といえば、木下惠介監督の故郷。第一回作品、昭和十八（一九四三）年の『花咲く港』をここでロケしている（九州の天草でも）。

若き日の木下惠介を描いた『はじまりのみち』（13年、原恵一監督）には、木下監督（加瀬亮）

が中田島砂丘でロケする場面がある。
川頭義郎は木下惠介に師事した。そのためもあって『涙』に、木下監督ゆかりの中田島砂丘の場面を取り入れたのだろう。

中田島砂丘が登場する松竹映画がもう一本ある。
松本清張原作、橋本忍、山田洋次脚本、野村芳太郎監督の『砂の器』（74年）。撮影の川又昂によれば、タイトルシーンの幻想的な砂丘は中田島砂丘で撮影したという。ただ、どうしても風紋がないので、そこだけ鳥取砂丘で撮影した（小学館ＤＶＤ ＢＯＯＫ『砂の器』、09年）。
『砂の器』は、冒頭、二人の刑事（丹波哲郎、森田健作）が、羽越本線の羽後《うご》亀田駅に降り立つところを始め、東京の蒲田駅、山陰本線の宍道《しんじ》駅、木次《きすき》線の亀嵩《かめだけ》駅、参宮線の二見浦《ふたみのうら》駅などの駅が登場し、鉄道映画としても観ごたえがある。

さらに鉄道好きにうれしいのは、いまやイベント列車をのぞいてはほとんど姿を消している食堂車が出てくること。

二人の刑事は、羽後亀田で犯人の手がかりが得られず空しく東京に帰ることになる。帰途、二人は食堂車に行く。そこで、旅行中の新進音楽家、和賀英良（加藤剛）に偶然、会う。食堂車は、こうい

う偶然が起こりうるところだった。

食堂車が印象的な映画といえば、山本富士子が素晴しく美しかった『夜の河』（56年）が忘れ難い。沢野久雄原作、田中澄江脚本、吉村公三郎監督。

京都の染物屋の娘、山本富士子が、妻子ある大学教授の上原謙と知り合い、互いに愛し合うようになる。

ある時、夜行列車で京都から東京に行くことになった山本富士子は、食堂車で偶然、同じく東京に行く上原謙と会う。

遺伝子の研究をしている上原謙は、長年取り組んでいた実験に失敗したところ。食堂車でひとり悄然とビールを飲んでいる。それを見て山本富士子が言う。「先生がいちばんがっかりしている時におそばにいられてうれしい」。女心が泣かせた。

しかし、彼女は昔風の耐える女ではない。きちんと自分の意志を持った自立した女。上原謙が、長年、患っていた妻が亡くなったあと、求婚すると、人の不幸に乗ずるのを嫌い、みごとに別れてゆく。結婚より仕事を選ぶ。

この映画は、ラストシーンが当時、大映社内で問題になった。というのは、京染の仕事をする山本富士子の姿に重なるように、京都の通りを歩くメーデーの労働者の赤旗がとらえられたから。社内に反対意見もあったが、吉村監督はカットしなかった。主人公の自立して生きる強い意志がこれによって生きた。

『夜の河』のこのラストシーンでデモ隊が歌っているのは労働歌『世界をつなげ花の輪に』（作詞：篠崎正、作曲：箕作秋吉）。戦後、一九四七年に国鉄労働組合などが中心となって募集した新労働歌の入選作。

人気のあった歌でデモではよく歌われた。

この歌が出てくる映画がもうひとつある。

山田洋次監督の『幸福の黄色いハンカチ』（77年）。武田鉄矢演じる若者が車で北海道を旅する。冒頭、フェリーで釧路に着く。町で買物をする。その時、大通りを赤旗を立てたデモ隊が行進している。

♪われら未来を　語るもの……。

歌っているのは『世界をつなげ花の輪に』。『夜の河』から『幸福の黄色いハンカチ』まで二十年以上たっている。それでもまだこの歌が歌われている。労働歌としての人気がうかがえる。

『幸福の黄色いハンカチ』は、北海道を車で旅する武田鉄矢と、彼が車に誘った桃井かおりの二人が、途中、一人旅をしている高倉健と知り合ったところから物語が動き出す。

次周は、この高倉健につなげよう。

（2020・7・21）

第56周

刑期を終えた健さんがうまそうに飲むサッポロ「赤星」の話から…鉄道模型が好き、コイン遊び、拳玉好き…〝遊び好きのギャング〟たち…最後は『狼は天使の匂い』の話につながりました。

山田洋次監督の『幸福の黄色いハンカチ』(77年)の高倉健は、酔った末の喧嘩で人を殺してしまい、網走刑務所に服役していた。

刑期を終えてようやく出所したところから物語が始まる。刑務所を出た高倉健が、まず何をするか。

刑務所の前に大衆食堂がある。そこに入ると、まずビールを注文する。そのあと品書きをざっと見て、「醬油ラーメンとカツ丼」。

ビールがくる。瓶ビール。それをコップでうまそうに飲む。何年ぶりかのビールがいかにもうまそう。

このビールは、東京ではあまり見ないが、北海道では定番のサッポロのラガー。赤い星のマークが付いているので通称「赤星」。

拙著の映画化、向井康介脚本、山下敦弘監督の『マイ・バック・ページ』（11年）のラストで妻夫木聡演じる主人公が横丁の居酒屋で一人、飲むビールがこの「赤星」だった。

長年、刑務所に入っていた男が出所して町に出た時にまずするのはなんだろう。

その点で印象的なのが、以前にも紹介したフランスのフィルム・ノワール、イヴ・アレグレ監督の『目撃者』（57年）。

ロベール・オッセン演じる主人公のギャングは、いま五年間の刑務所暮しを終え、列車でパリに戻ってくる。

部下のジャン・ガヴァン（ギャバンではない）が出迎える。再会した二人は歩く。ある店のショウウィンドウの前で足をとめ、目を輝かせながら中を見る。

宝石泥棒でもするのかと思うと違った。ショウウィンドウの中には、鉄道模型があり、二人はそれを子供のようにうれしそうに見る。

このギャングと鉄道模型という組合せが意表を突いたが、映画のなかではギャングや悪党が案外、子供のように無邪気に遊びに夢中になる。そのアンバランスが心に残る。

〝遊び好きのギャング〟が登場したはしりはギャング映画の古典、ハワード・ホークス監督の

『暗黒街の顔役』（32年）だろうか。

ポール・ムニ演じるギャング（モデルはアル・カポネ）の用心棒、当時、新人のジョージ・ラフトがいつも無言でコインを指で弾いて遊んでいる。コインを放り投げて受け止める。そのさまが格好いいということで、ジョージ・ラフトは一躍、有名になった。

映画のなかでジョージ・ラフトはポール・ムニの妹と親しくなる。妹に対して近親相姦的な愛情を持つポール・ムニはこれを嫉妬しジョージ・ラフトを銃で撃つ。ラフトは階段をころげ落ち、息絶える。彼の指から落ちたコインが床をころころと回り、やがて止まる。

このラストもラフトの人気を高めた。


ジュリアン・デュヴィヴィエ監督の伝説的名作『望郷』（37年）ではジャン・ギャバン演じる主人公のペペ・ル・モコがアルジェリアのカスバに逃げ込む。ある時、仲間を裏切った男に制裁を加える。

この時、子分のひとりが制裁など他人事とばかりクールに拳玉に興じている。これも〝遊び好きのギャング〟の早い例として映画史上の語り草になっている。

『目撃者』のロベール・オッセンが主演したフィルム・ノワール、エドゥアール・モリナロ監督の『殺られる』（59年）では、シャンソン歌手フィリップ・クレイ演じる殺し屋が、いつもクロスワード・パズルで遊んでいるのも〝遊び好きのギャング〟の系譜を受継いでいる。

遊び好きのギャングがたくさん出てくる映画といえば、ルネ・クレマン監督の『狼は天使の匂い』（72年）が随一だろう。

冒頭にルイス・キャロルの「愛しき者よ、僕たちは寝る時間が来たのに眠るのを嫌がっている年老いた子供に過ぎない」という言葉が引用されているように、ギャング映画なのに大人の童話の楽しい雰囲気を持っている。原作はデヴィッド・グッディス。脚本はセバスチャン・ジャプリゾ。

ヘリコプターの操縦を誤って、多数のジプシー（現在の呼称はロマ）の子供を殺してしまったジャン＝ルイ・トランティニャンが復讐しようとするジプシーに追われ続ける。パリからニューヨークへ、さらにモントリオールへ。そして小さな島へ。

その島には、店仕舞いした小さなホテルがあり、そこをロバート・ライアンのボスをはじめギャングたちが、隠れ家にしている。トランティニャンは彼らの仲間になる。

ホテルの名前が『不思議の国のアリス』にちなんで「チェシャキャット」になっているのも、大人のお伽話を思わせる。

そして出てくるギャングたちが、それぞれに子供のように遊び好き。

次周、それを思い出してゆこう。

（2020・8・4）

第57周

子供のような遊びが好きなギャング…『狼は天使の匂い』のロバート・ライアン、『雨の訪問者』のチャールズ・ブロンソン…忘れられないエレン・バールの話も。

ルネ・クレマン監督の『狼は天使の匂い』（72年）には、遊び好きのギャングがたくさん出てくる。それが特色になっている。

まずボスのロバート・ライアン。子供の頃にビー玉遊びが好きだったらしく、いい大人になったいまもビー玉を大事にしている。最後、死を覚悟して警官隊と撃ち合う時も、ビー玉をそばに置く。

『目撃者』（57年）でロベール・オッセンの部下を演じたジャン・ガヴァンは、ロバート・ライアンの部下。木材を削ってチェスの駒を作る。ビリヤードの玉を投げるのが得意で、これを武器にしたりする。

やはり部下のアルド・レイは元ボクサー。リングの上で打たれた後遺症か、少し鈍い。荒っぽいが憎めない。彼とジャン・ガヴァンは、からっぽの植木鉢のなかに、離れたところからバスケットボールよろしく、丸めた紙を投げ入れて遊ぶ。

ギャングたちは遊んでいる時、子供のように見える。無論、ルネ・クレマンは、『不思議の国のアリス』を念頭に意図してそう見せているのだろう。

ジプシー（ロマ）に追われ、彼らの仲間になったジャン＝ルイ・トランティニャンも器用な遊びを見せる。

ギャングたちの前で煙草を三本、タテに積み重ねてテーブルの上に立てて見せる。一本、二本、そして三本。みごとに成功する。

ロバート・ライアンが、俺もやってみせると挑戦するが、二本まではなんとかうまくゆくが、三本目で崩れてしまう。

こうしたテーブル遊びで有名なのは、ジャン・エルマン監督『さらば友よ』（68年）で、チャールズ・ブロンソンがやってみせた、水を満々とたたえたブランデーグラスのなかに、コインを何枚も落としてゆく遊び。この映画のあと、日本でもはやったものだった。

チャールズ・ブロンソンは、ルネ・クレマン監督のサスペンス『雨の訪問者』（70年）のなかでも面白い遊びをやっている。

クルミが好きでいつもポケットに入れて持ち歩いている。割る時に手近のガラス窓にぶつける。「女に惚れているとガラスが割れるが、惚れていないとクルミの殻が割れる」と言っている。自分はクールで女になんか惚れないから、絶対、ガラスは割れず、クルミの殻が割れると自信を持っている。

ところが、少女のような人妻マルレーヌ・ジョベール（そばかすが可愛い！）に会ってから、どうも彼女に惚れてしまったらしい。

最後、夫と共に車で去ってゆく彼女を見送ったブロンソンが、いつものように手近のガラス窓にクルミを投げると、なんとガラスが割れてしまう。秀逸なラブシーンと言える。

余談だが、『狼は天使の匂い』には、実に気になる女優が出てくる。タイトルシーン。女性だけの鼓笛隊のバトンガールを映し出す。演じている女優がなんともセクシーで魅力がある。白い制服に白いミニスカート、それに白のブーツ。スタイルがいい。アルド・レイが彼女にひと目惚れしてしまうのもうなずける。その結果、ギャングたちの仕事は失敗してしまうのだが。
この女優、日本ではほとんど知られていない。手元にある当時の劇場プログラムには「ナディーン・ナバコフ」と記載されているが、これは間違い。
正しくは、エレン・バール（Ellen Bahl）。旧西ドイツ出身の女優で『雨の訪問者』にも傍役として出演している。その他、ルイス・ブニュエルの『銀河』（68年）『自由の幻想』（74年）にも。

私見では『狼は天使の匂い』のバトンガールが出色。この女優を知っているファンがいたらうれしい。

『狼は天使の匂い』のロバート・ライアンは馬好き。大仕事をして大金が入ったら、パリに行って馬を買いたいという夢を持っている。ベッドの脇のテーブルには、馬の写真を置いている。もう死んでしまった、もっとも好きだった馬の写真。

トランティニャンに「なぜ、パリが好きなんだ」と聞かれると、答える。「毎日、競馬があるからさ」。

ロバート・ライアンは遺作となった『組織』(73年)でもギャングのボスを演じたが、このボスも馬好きで、馬の市に足を運んでいた。

ロバート・ライアンはさらに、リチャード・ブルックス監督・脚本の『プロフェッショナル』(66年)では、馬扱いのプロだった。

人間が死んでもなんとも思わないのに、馬が死ぬと悲しんだ。

次周はさらに馬好きのギャング二人を登場させよう。


(2020・8・18)

第58周

『狼は天使の匂い』のロバート・ライアン、馬好きのギャングの話から…マリリン・モンローの『荒馬と女』など、馬にまつわる映画について。

『狼は天使の匂い』（72年）のギャングのロバート・ライアンは馬好きで、今度のひと仕事で大金が入ったら「パリに行って馬を買いたい」という夢を持っている。

本場のフランス映画のギャングにも当然、馬好きがいる。ジョゼ・ジョヴァンニ監督の『ラ・スクムーン』（死神）（72年）で、ジャン＝ポール・ベルモンドの相棒のミシェル・コンスタンタンは馬好き。刑務所から出たあとまずするのは、田舎の牧場に行って馬を眺めることだった。

ちなみにギャング役で知られたジャン・ギャバンは、池波正太郎の『フランス映画旅行』（新潮文庫、一九八八年）によると馬好きで、ノルマンディに自分の牧場を持っていたという。

ジャン・ギャバンは、日本未公開だがＶＨＳになっているジル・グランジェ監督の『エプソムの紳士』（62年）では、エプソムの競馬場を根城に競馬の情報を売り歩く男を演じている。

馬好きのギャングといえば、ジョン・ヒューストン監督の『アスファルト・ジャングル』(50年)を忘れてはならない。

宝石店を襲うことになったギャングのスターリング・ヘイドンは馬好き。もともとケンタッキー州の田舎で小さな牧場を営んでいたがうまくゆかず、人手に渡した。

だから、計画に成功したらまた故郷のケンタッキーに帰って牧場を持つのが夢。

しかし、宝石店襲撃のあと警官に撃たれて重傷を負う。故郷に必死で戻る車のなか傷は悪化してゆく。そして、ようやく牧場に着いた時に死んでしまう。

そのスターリング・ヘイドンを牧場の馬がやさしく見つめるラストは泣けた。

スターリング・ヘイドンは、スタンリー・キューブリック監督の犯罪映画『現金《げんなま》に体を張れ』(56年、原作はライオネル・ホワイト)では競馬場を襲う。

この映画のラスト、せっかく手にした大金を入れたトランクが思いがけないトラブルで開いてしまい、札束が風に舞う場面は有名。のちに作られるジャン・ギャバン、アラン・ドロン主演、アンリ・ヴェルヌイユ監督の『地下室のメロディー』(63年)の、あのラスト、せっかく盗んだ紙幣が次々にプールの下から浮き上がってくる秀逸な場面に受継がれてゆく。どちらも、大いなる徒労の物語になっている。

ジョン・ヒューストン監督の『アスファルト・ジャングル』は、若き日のマリリン・モンローが傍役として出演したので知られる。

このモンローの遺作となったのが、ジョン・ヒューストン監督の『荒馬と女』(61年)。当時の夫、劇作家のアーサー・ミラーの原作・脚本。

ネヴァダ州リノとその近郊を舞台に、現代のカウボーイのしがない暮しを描いている。カウボーイを演じるのはクラーク・ゲーブル(やはりこの映画が遺作となった)とモンゴメリー・クリフト。

現代のカウボーイは時代の流れに勝てず、次第にうらぶれてゆく。ある時、二人は久しぶりに野生の馬を狩りに出かけてゆく。親しくなったマリリン・モンローと、いまはカウボーイに見切りをつけガソリン・スタンドで働いているイーライ・ウォラックが同行する。

狩りは順調で、クラーク・ゲーブルとモンゴメリー・クリフトは次々に馬を捕えてゆく。しかし、途中からそれを見ていたマリリン・モンローは馬が可哀そうになり「馬を放して」と泣いて頼む。優しい。モンゴメリー・クリフトがその姿を見て気の毒に思

い、せっかく捕まえた馬を放してゆく。

この野生の馬、捕えてどうするのかというと、ペットフードにするというのが悲しい。現代のカウボーイは、いまやペットフードのために馬を狩る。かつての西部開拓時代、馬と共に生きた男らしいカウボーイと大きく違っている。

最近、ヘンリー・ハサウェイ監督、グレゴリー・ペック主演の心あたたまる西部劇『新・ガンヒルの決斗』（71年）がDVD発売された。

ならず者のグレゴリー・ペックが出所後、自分を裏切った男（ジェームズ・グレゴリー）に復讐する旅に出る。途中、思わぬことから、みなし子の六歳くらいの女の子（ドーン・リン）と一緒に旅することになる。はじめは嫌々だったが、次第に情が移って可愛くなってくる。このあたり『ペーパー・ムーン』（73年）を思わせる。

西部開拓時代、旅をするには子供のためにも馬が必要になる。そこでグレゴリー・ペックは野生の馬の群れにいる子馬を捕える。それを見てはじめは喜んだ女の子だが、母馬が悲しそうにこちらを見ているのに気づいて、「放してあげて！」と泣く。『荒馬と女』のマリリン・モンローを思わせて可愛い。西部劇多しといえども、こういう泣かせる場面は珍しい。

グレゴリー・ペックがこのみなし子の女の子の言うことを聞くのは言うまでもない。

（2020・9・1）

第59周

『ロング・グッドバイ』の猫好きなマーロウの話から…ヒッチコック『三十九夜』の記憶力抜群の男の話など。

ジョン・ヒューストン監督の『荒馬と女』（61年）で現代のカウボーイ、クラーク・ゲーブルとモンゴメリー・クリフトが野生の馬を捕えるのは、なんと馬の肉をペットフードとして使うため。ペットフードに馬肉が使われているとは。

レイモンド・チャンドラー原作の『長いお別れ』の映画化、ロバート・アルトマン監督の『ロング・グッドバイ』（73年）では、エリオット・グールド演じる私立探偵フィリップ・マーロウが猫好き。

ある夜、ペットフードが切れていて、夜中だというのに猫のためにコンビニエンス・ストアにペットフードを買いに行く。

店にはいつものがなく、仕方なく別のものを買って帰る。しかし、猫は味に敏感で見向きもしない。このペットフードも馬肉を使っていたのだろうか。

猫好きの私立探偵がもう一人いる。

バズ・キューリック監督の快作『シェイマス』(73年)。

"Shamus"は私立探偵のこと。

バート・レイノルズ演じるニューヨークのしがない私立探偵は安アパートで猫と暮している。

「俺のほうが猫に居ついてもらっている」と猫に頭が上がらない。

若い女性と一夜を共にし(ビリヤード台をベッドにしているのが面白い)、仕事にでかける時、女性に頼む。「猫が外から戻ってきたらキャットフードをあげてくれ」。このキャットフードも馬の肉か。

『シェイマス』には、興味深い傍役（ラリー・ブロック）が出てくる。バート・レイノルズの友人の情報屋。この男、「写真的記憶力」を持っていてスポーツ選手の記録などを空んじている。各年度の盗塁王の名前をすらすら言える。

この記憶力抜群の男には先輩がいる。

ヒッチコック監督の『三十九夜』（35年）。

ミスター・メモリーという超人的な記憶力をもった男（ウィリー・ワトソン）。あまりに凄いのでそれを芸にしている。寄席で芸人として出演し、客席からのあらゆる質問に答える。まるで百科事典のすべての頁を記憶しているよう。

某国のスパイたちは、この男の記憶力を利用し、重要な情報を覚え込ませる。『レインマン』（88年、バリー・レヴィンソン監督）で、いわゆるイディオット・サヴァンであるダスティン・ホフマンが驚くべき記憶力を見せたのと通じるものがある。

『三十九夜』はのちにイギリスでリメイクされた。ラルフ・トーマス監督、ケネス・モア主演の『三十九階段』（59年）。ヒッチコックの『三十九夜』は誰もが賞めるが、世代的には私はこの『三十九階段』が忘れ難い。

『三十九階段』には、こんな愉快な場面もある。

警察とスパイ組織の両方から追われるケネス・モアがある女学校に逃げ込む（タイナ・エルグはその学校の先生）。

女学校では、ちょうど偉い先生の講演が行われる予定になっている。そこにケネス・モアがまぎれ込み、にわか講演をせざるを得なくなる。無論、その場しのぎのいい加減な話だが、女学生たちが大喜びするのが楽しい。イギリス式のユーモア。

この場面は、当然、映画ファンには、ある名作を下敷きにしているのが分かる。

キャロル・リード監督の『第三の男』（49年）。

殺人の容疑をかけられたジョゼフ・コットンが追手に追われる。タクシーに乗り込み、ある場所に運ばれる。

その日、作家であるジョゼフ・コットンはウィーンの文化組織の男（ウィルフリッド・ハイド＝ホワイト）から講演を頼まれていた。

そのことをすっかり忘れていた。タクシーで会場に連れていかれたジョゼフ・コットンはそこで仕方なく講演をする破目になる。

（２０２０・９・15）

第60周

『ユリシーズ』の文豪ジェームズ・ジョイスが出てくる映画。『第三の男』のジョゼフ・コットン、『若き獅子たち』『ガープの世界』…田中絹代の作品にも。

追手に追われた主人公が逃げ込んだ場所は講演会場。そこで主人公はやむなく講演をする破目になる。

ヒッチコック監督の『三十九夜』（35年）のリメイク、ラルフ・トーマス監督の（タイナ・エルグが美しかった！）『三十九階段』（59年）では、某国のスパイに追われたケネス・モアが女学校に逃げ込み、講演することになる。とっさのユーモアで女学生たちを大いに笑わせ、喝采を浴びるが、逆に大失敗となるのが、キャロル・リード監督『第三の男』（49年）のジョゼフ・コットン。

ウィーンで親友（オーソン・ウェルズ）の謎の死を追及するうちに、乗ったタクシーが、行先も聞かずに走り出す。

どこに連れてゆくのか。着いたところはイギリスの文化センターの講演会場。文化局の人間（ウイルフリッド・ハイド＝ホワイト）に講演を頼まれていたことを忘れていた（観客もそのことを忘れていたため予期せぬ驚きになる）。

やむなく講演することになるのだが、これが散々の結果になる。というのもジョゼフ・コットン演じる主人公は大衆向けの西部小説のマイナーな作家。ところが会場に集まってきているのは純文学の読者。演題が現代文学だから仕方がない。

話すこともなく会場から質問を受ける。「ジェームズ・ジョイスをどう評価するか」「意識の流れをどう思うか」と聞かれ、何のことか分からずに立往生してしまう。聴衆は失望し、次々に席を立ってゆく。頭をかかえる主催者のウィルフリッド・ハイド＝ホワイトが可笑しい。この傍役はキャロル・リード監督の『文化果つるところ』（51年）やジョージ・キューカー監督の『マイ・フェア・レディ』（64年）などで知られる。『刑事コロンボ』にも出ている。

グレアム・グリーンの原作（ちなみに映画の企画が先にあって、脚本、小説はその企画に沿って書かれた）はもっと皮肉で、西部小説の作家が自信たっぷりに「ジェイムズ・ジョイス？　そんな名前は聞いたことがありません」と答えるので聴衆は、もしかしたらこの西部小説作家は凄い作家かもしれないと大いに驚く。

二十世紀の終わり、一九九八年にアメリカの名門文芸出版社、ランダムハウスが「二十世紀の英語文学ベスト１００」を発表した。一位に選ばれたのは、ジョイスの『ユリシーズ』だった。

ジョイスの本が出てくる映画の早い例に、一九五八年のアメリカの戦争映画、アーウィン・ショー原作、エドワード・ドミトリク監督の『若き獅子たち』がある。

第二次世界大戦に従軍することになったユダヤ人の青年、モンゴメリー・クリフトが、『ユリシーズ』を持っていて兵舎のなかで読もうとする。それを鬼軍曹に見つかり「こんなワイセツな本を読むとは何事だ」と怒鳴られる。『ユリシーズ』は一九二一年にアメリカの裁判所でワイセツ本に指定され、しばらく出版出来なかったから仕方がないかもしれない。

『若き獅子たち』のモンゴメリー・クリフトはニューヨークのメイシー百貨店の店員。それが『ユリシーズ』を読むのだからインテリだ。

時代は変わる。ジョン・アーヴィング原作、ジョージ・ロイ・ヒル監督の『ガープの世界』（82年）では、文学好きの女子大生、メアリ

ー・ベス・ハートがキャンパスで、いまや堂々と『ユリシーズ』を読んでいる。学校の教材になっているのかもしれない。

意外なことに日本映画にもジョイスが登場する。それもアメリカ映画の『若き獅子たち』より早いから驚く。

小津安二郎、斎藤良輔が脚本を書き、田中絹代が監督した、一九五五年の作品『月は上りぬ』。奈良を舞台にした家族映画。

一家の三女、北原三枝（現、石原まき子）が愛している青年、安井昌二（デビュー作。役名から芸名を取った）は、目下、失業中。奈良の寺に下宿し、翻訳などしてなんとか暮している。

現在、訳している本がある。しかし、友人（増田順二）が自分より経済状況が苦しいのを知ると、その翻訳の仕事を譲ってしまう。気がいい。

この本が“Essential James Joyce”。

ジョイスを訳せるとは、二人の英語の実力は相当なものがあるだろう。『ユリシーズ』は、日本では戦前、伊藤整が訳しているが、相当、苦労したのでないだろうか。

現在では、丸谷才一訳が知られる。何度か挑戦するのだが、いまだによく理解出来ていない。恥しい限り。

『ユリシーズ』は一九六七年にイギリスで映画化された。ジョゼフ・ストリック監督。意識の流れを映像にするのはさすがに無理で、残念ながらあまり話題にならなかった。（2020・9・29）

第61周

『月は上りぬ』『お嬢さん乾杯!』にでてくる、ジョイス、ショパン、万葉集。この映画の若者たちは誰も教養がある。

田中絹代が監督した『月は上りぬ』(55年)は、安井昌二が北原三枝に言うセリフがひどく乱暴なのは困るが、基本的に、法隆寺や二月堂など奈良の落ち着いた、まさに「まほろばの大和」が描かれていて好きな映画。

一九九〇年代の終わり、JTBで発刊されていた旅の雑誌「旅」の仕事で、そのロケ地を歩いたことがある(単行本『日本映画を歩く ロケ地を訪ねて』JTB、一九九八年)。

映画の冒頭、父親の笠智衆が三人の娘たち、山根寿子、杉葉子、北原三枝と能の謡曲のおさらいを、ある寺でする。この寺は、東大寺の塔頭《たっちゅう》、龍松院と分かった。取材で訪れると、いまは亡い住職の筒井寛秀さんが応じてくれた。

案内していただいたのはまさに『月は上りぬ』の撮影に使われた部屋だった。さらに長老は気さくな方で、撮影中の田中絹代を自分のカメラで撮った写真まで見せてくれた。

老師は戦前、東京の大正大学で学んでいた頃、映画が好きで日劇や新宿の武蔵野館によく映画を見に行ったという。オートバイにも乗った昭和のモダンボーイだった。

長老に『月は上りぬ』の撮影当時の話を聞けたことは、いい思い出になっている。

『月は上りぬ』には、次女の杉葉子と、電気技師で東京に住む三島耕との恋愛が描かれる。いまふうにいえば東京と奈良の遠距離恋愛。二人は電話ではなく電報を打ち合う。電文は「三七五五」「六六六」と数字が書いてある。

家族は何の数字だろうといぶかる。やがて万葉集の歌の番号とわかる。三七五五は「うるはしと吾《あ》が思《も》ふ妹《いも》を山川を中に隔《へな》りて安けくもなし」。六六六は「相見ぬは幾《いくば》く久《ひさ》もあらなくに幾許《ここだく》吾《あれ》は恋ひつつもあるか」。「遠くにいる君が恋しい」「久しく会わないわけではないが君が恋しい」といった恋の歌。古い都、奈良を舞台にした映画らしい趣向になっている。

『月は上りぬ』には、クラシックの名曲が愛のテーマとして使われている。ショパンのピアノ曲『幻想即興曲』。

ジョイス、万葉集、そしてショパン。この映画の若者たちは誰も教養がある。

ショパンの『幻想即興曲』が何度も流れた映画がある。木下惠介監督の『お嬢さん乾杯！』（49年）。

銀座裏で自動車修理工場を営む、「金儲けがうまい」と自称する青年、佐野周二が、没落華族のお嬢さん、原節子とお見合いをしてひと目惚れしてしまう。

といっても育ちが違い過ぎる。相手は学習院出の令嬢。こちらは高知出身の山育ち。その格差に引け目を感じてしまう。

二人の育ってきた環境の差をあらわす場面がある。お嬢さんは家が没落し、ピアノを売らざるを得なくなる。それを知って佐野周二が新しいピアノを贈る。

お嬢さんの家でパーティがある。女友達が集まってくる。お嬢さんが新しいピアノを弾くことになる。

曲はショパンの『幻想即興曲』。もちろん山出しの青年ははじめて聴く曲。お嬢さんの演奏のあと、女性たちにせがまれて青年が歌を歌うことになる。高知出身らしく民謡の『よさこい節』。ショパンと民謡。二人の育ちの違いが出ている。

そのあと佐野周二が『幻想即興曲』のレコードを買ってきて、行きつけの酒場に行き、店の電蓄で聴くのが微笑ましい。なんとかお嬢さんの世界に近づこうとしている。

この酒場のマダムを演じているのは新劇出身の村瀬幸子。佐野周二の応援をしていて、お嬢さんの原節子に「男の値打ちは心意気ですからね」と彼女の背中を押す。そして二人は結ばれてゆく。

お嬢さん、原節子の父親（永田靖）は、経済事件に関わり、小菅の刑務所に入れられている。おそらく世間知らずの華族の当主が、戦後の闇市を動かす連中が持ってきた書類に判を押したか何かしたのだろう。

没落してピアノまで売らなければならなくなったうえに父親は犯罪者として刑務所に入っている。お嬢さんの大きな引け目になっている。この映画で原節子が終始、暗い表情をしているのはそのためだろう。その暗さが実に美しいのだが。

ある日、原節子は刑務所に父親を訪ねる。父親に結婚のことを告げる。その日、佐野周二が車でお嬢さんを乗せて荒川放水路を越えた小菅の刑務所に一緒に行く。そして彼女の不幸を知って、いっそう彼女を守らなければと決意する。

帰り、佐野周二が荒川放水路と綾瀬川のあいだの中土手に原節子と共に立って、「金を儲けるぞ」と誓うように言うのは、まさに「心意気」を感じさせる。

撮影場所は堀切菖蒲園の近く。遠くに京成電車の鉄橋が見えている。


（２０２０・10・13）

第62周

原節子『お嬢さん乾杯！』と小菅刑務所…
オードリー・ヘプバーンとシンシン刑務所…
最後は『死の接吻』につながりました。

木下惠介監督の『お嬢さん乾杯！』（49年）では、旧華族のお嬢さん、原節子が、葛飾区にある小菅刑務所に、父に面会するために行った。美女と刑務所とは不似合いだが、旧華族であるために詐欺事件かなにかに関わり罪を負った父親に会うためだから仕方がない。

興味深いことに、原節子は別の映画でも、小菅刑務所を訪れている。

川端康成原作、川島雄三監督の『女であること』

(58年)。原節子は、弁護士の森雅之の妻。二人は多摩川沿いのモダンな住宅に住んでいる。夫婦のあいだに子供はいない。それで、森雅之が裁判を手がけた事件で、父親が殺人犯とされた娘、香川京子を娘がわりに預かっている。

ある時、香川京子が父親に面会するために小菅刑務所に行く。原節子が彼女に付き添う。二人は灰色の高い塀の脇を歩く。

小菅刑務所は二〇〇六年に建て替えられ、モダンになったが、『お嬢さん乾杯!』『女であること』の二本で、原節子が訪れるのは、戦前に建てられた、くすんだただのコンクリートの固まり。

しかし、この殺風景な建物を賞めたのが、坂口安吾。戦時中(昭和十七年)の随筆『日本文化私観』のなかで、みんなが賞めそやす日本古来の寺社より刑務所のほうに心惹かれると書いた。

「非常に高いコンクリートの塀がそびえ、獄舎は堂々と翼を張って十字の形にひろがり十字の中心交叉点に大工場の煙突よりも高々とデコボコの見張りの塔が突立っている」「勿論、この大建築物には一ケ所の美的装飾というものもなく、どこから見ても刑務所然としており、刑務所以外の何物でも有り得ない構えなのだが、不思議に心を惹かれる眺めである」。

刑務所の建物に心惹かれるとは、終戦直後に『堕落論』を書いて喝采を浴びた坂口安吾らしい。

美女が刑務所を訪れる有名な洋画がある。

意外と思われるかもしれないが、トルーマン・カポーティ原作、ブレイク・エドワーズ監督の『ティファニーで朝食を』（61年）。

ヒロインのオードリー・ヘプバーンは、『ローマの休日』（53年）のアン王女のイメージがあまりに強いため、分かりにくいが、この映画では実は高級娼婦。

気のいい女性で、面白いアルバイトをしている。刑務所に入れられている男（実はギャングの大物）を定期的に訪ね、面会する。さるあやしげな弁護士に頼まれた。それでギャラをもらう。

無邪気な彼女は、捕らわれた老人を慰めに行っていると思っていたが、あとになって、それと知らずに話す「天気」の話が、実は、麻薬取引の重要な情報と分かり、彼女も警察の厄介になる。


このオードリー・ヘプバーンが定期的に訪れる刑務所は、ニューヨーク郊外、ハドソン川に沿ったオシニングにあるシンシン刑務所。サンフランシスコ湾の小島にあったアルカトラズと並んで、アメリカで最も有名な刑務所だろう。

そこに、オードリー・ヘプバーンが訪れるのだが、無論、刑務所での面会シーンはセットでの撮影。それでも、オードリー・ヘプバーンとシンシン刑務所の組み合わせには驚かされる。

シンシン刑務所（別名、オシニング刑務所）が、はっきりとカメラにとらえられた映画がある。

アメリカの犯罪映画史に残る、ヘンリー・ハサウェイ監督の『死の接吻』（47年）。映画史に残るのは、ひとつには、当時、まだ新人だったリチャード・ウィドマーク演じるギャングの悪党ぶりが凄まじかったから。

車椅子に乗った老女性を、何と階段から突き落として殺してしまう。一九四〇年代当時には考えられない非情ぶりで、リチャード・ウィドマークは一気にその名を挙げた。この場面が、いかに衝撃的だったか。

当時の映画雑誌「スクリーン」(一九五三年十月号)は、この車椅子の老女殺人の場面をコマ割りの写真で紹介しているほど。

『死の接吻』というと、今日では、リチャード・ウィドマークの悪党ぶりで、名が残っているが、実は、主演は、当時のスター、ヴィクター・マチュア。

職がなく、クリスマスの夜にマンハッタンの宝石店を襲撃するが、捕らえられる。

そして、送られるのが、シンシン刑務所。映画は、ハドソン川を北へと走る列車のなかのヴィクター・マチュアをとらえる。そして、シンシン刑務所にたどり着く。

(2020・10・27)

第63周

シンシン刑務所や四〇年代のニューヨークにロケした『死の接吻』の話から……高架鉄道、『十二人の怒れる男』……最後は『フレンチ・コネクション』につながりました。

『ティファニーで朝食を』（61年）でオードリー・ヘプバーンが訪れたシンシン刑務所はマンハッタンの北、ハドソン川沿いにある。

一九四〇年代のサスペンス映画の傑作、ヘンリー・ハサウェイ監督の『死の接吻』（47年）では、宝石店強盗に失敗して逮捕されたヴィクター・マチュアが、この刑務所に送られる。マンハッタンから郊外に向かう列車に手錠をはめたままで乗せられる。列車はハドソン川沿いを北上する。やがて線路に沿って灰色の大きなシンシン刑務所が姿を現わす。『ティファニーで朝食を』と違って実際にロケされている。

映画を見る限り、この刑務所、きれいで設備もいい。驚くに足る場面がある。入所中にヴィクター・マチュアは、囚人仲間から妻が生活苦から自殺したと聞く。

驚いたマチュアは、事実かどうか確認するために、刑務所内にある図書室に行く。この図書室が刑務所内とは思えないほど広く、清潔。マチュアはここで、新聞の縮刷版を見て、妻の死亡を記事で確認する。刑務所の図書室が新聞の縮刷版まで揃えているとは。

『死の接吻』は、冒頭に「この映画ではすべての場面がニューヨーク市内で撮影された」と誇らし気にクレジットが出る。当時、スタジオではなく実際に大都市でロケして作られる、いわゆるセミ・ドキュメンタリー映画が増えていた。

ジュールス・ダッシン監督の『裸の町』（48年）がニューヨークでのオールロケ作品として名高く、映画史に残っているが、『死の接吻』はそれに先立っている。

ヘンリー・ハサウェイ監督は西部劇ファンには『悪の花園』（54年）『向う見ずの男』（58年）『ネバダ・スミス』（66年）などで知られるが、それ以前には『死の接吻』をはじめ、『Gメン対間諜』（45年）『出獄』（48年）などのセミ・ドキュメンタリーの犯罪映画を得意としていた。

『死の接吻』はニューヨークでロケされているだけに当時のこの大都会の様子がよくとらえられている。とくにその後、消えてしまった高架鉄道の駅が見えるのが貴重。

19世紀末からニューヨークの市内を走っていたニューヨーク高架鉄道（Elevated railway、通称EL エル）。現在も健在のシカゴの市中を通る高架鉄道（通称 ループ）のように、かつてはニューヨーク市内を走っていた。東京でいえば都電のような役割を果していた。

当時のニューヨークを描く小説にはよくこの高架鉄道が描かれる。例えばトルーマン・カポーティの、マンハッタンのマンションに一人暮しする老女性の前に突然現れた不思議な少女を描く名短篇『ミリアム』（45年）には、「男は高速鉄道の柱のそばに立っていた」とあるし、同じくマンハッタンに住む孤独な若い女性を主人公にした『夢を売る女』（47年）にも「胴長のやせた犬が二匹、高架鉄道の下の月の形をした石の上を狼のように足音をたてずに歩いている」とある。

当時のニューヨークに高架鉄道は欠かせない風景の一部になっていたことが分かる。

高架鉄道は騒音が大きな問題になった。走行そのものの音に加え、ビルのあいだを走るので反響音がひどくなる。

この高架鉄道の大きな音を問題にしたのが、レジナルド・ローズ脚本、シドニー・ルメット監督の『十二人の怒れる男』（57年。もともとは同じコンビによるテレビドラマ）。

ハーレム育ちの少年の犯行とされる父親殺しの現場は、高架鉄道のすぐ近く。ひっきりなしに電車が走り、騒音がひどい。そんななかで、証人の一人が証言したように、少年の「殺すぞ」という声が、聞こえるのか。

ヘンリー・フォンダ演じる陪審員八番は、以前、高架鉄道のそばに住んでいたからあの騒音はよく知っている。はたして証人は本当に少年の声を聞いたのかと疑問を出す（ヘンリー・フォンダは高架鉄道のことを「エル」と呼んでいる）。

彼は他の陪審員に「誰か、高架鉄道のそばに住んだことのあるひとは？」と聞く。すると建築職人をしている陪審員六番（エドワード・ビンズ）が「住んだことはないが、近くで仕事をしたことがある」と応じ、「騒音はひどいものだった」と八番に同意する。

高架鉄道の音が、有罪から無罪へと評決が変わってゆくきっかけになった。

高架鉄道は地下鉄の発達によってマンハッタン市内では一九五五年に姿を消した。しかし、ブルックリン地区では一部が地下鉄路線としていまも利用されている。

これは、ウィリアム・フリードキン監督の『フレンチ・コネクション』(71年)での、ポパイの異名を持つタフガイの刑事ジーン・ハックマンが、フランスから来た麻薬組織の殺し屋マルセル・ボズフィを追跡する、映画史上に残るチェイス・シーンに使われたのはよく知られている。

(2020・11・10)

第64周

『十二人の怒れる男』から陪審員制度の話へ。
ワイルダーの『情事』…
日本製『12人の優しい日本人』…
最後は意外な映画につながりました。

日本では、一九五九年に公開された『十二人の怒れる男』（57年）は、なんといっても日本人に、アメリカには陪審員制度というものがあることを教えてくれたという意味で重要な映画。

日本でも、昭和三（一九二八）年から昭和十八（一九四三）年まで陪審制度があったが、この映画が公開された当時、そのことはほとんど語られなかった。日本ではうまく機能しなかったためかもしれない。だから、中学生の時に、『十二人の怒れる男』を見てはじめて、アメリカでは普通の市民が人を裁くのだと知って驚いたものだった。

また、イギリスでもやはり陪審員制度があることは、『十二人の怒れる男』の一年前に日本公開されたビリー・ワイルダー監督の『情婦』（57年）で知った。いうまでもなく、アガサ・クリスティが自らの短篇『検事側の証人』を舞台用に脚色した作品をもとにしている。

タイロン・パワー演じる仕事らしい仕事をしていない伊達男が、裕福な未亡人（ノーマ・ヴァーデン）を殺害した容疑で逮捕される。法曹界の大者チャールズ・ロートンが弁護を引き受けることになり、みごと無罪を勝ち取る。

『十二人の怒れる男』では十二人の陪審員の全員が男性だったが、『情婦』では三人ほど女性がいる。彼女たちが美男のタイロン・パワーに同情したのかもしれない。

余談だが、この映画、ミステリとしてひとつ疑問がある。チャールズ・ロートンは、検事側の証人タイロン・パワーの妻のマレーネ・ディートリッヒが、夫以外の男を愛しているさるとこ

ろから入手し、それが決定打となって、タイロン・パワーは無罪になるのだが、検事はなぜこの手紙の相手である男を探し出そうとしなかったのだろう。単に検事の怠慢か。

陪審員制は、陪審員の構成メンバーによって、結果が大きく変わってくる。日本版『十二人の怒れる男』といっていい、三谷幸喜と東京サンシャインボーイズが脚本、中原俊監督の『12人の優しい日本人』（91年）では、被告が若く美しい女性、それも夫と別れ、女手ひとつで子供を育てているというので、まっさきに、独身の陪審員梶原善が「無罪」を主張する。

まあ、この映画は、架空の話だから、陪審制の是非を論じても仕方がないが、陪審員制がいかに、陪審員のメンバーによって評決が変わるか、そのためには、陪審員の選任がどれだけ大事かを描いた重要な映画がある。

ジョン・グリシャム原作、ゲイリー・フレダー監督の『ニューオーリンズ・トライアル』（03年）。

この映画、日本ではあまり話題にならなかったが、今日の陪審員制度のあり方を考えるうえできわめて面白い。

ニューオーリンズで銃乱射事件が起る（実際に一九九九年に起きた事件をモデルにしているという）。証券会社に勤務するディーラーが、会社に押し入り銃を乱射した元社員によって殺される。

被害者の妻が、銃器会社を訴え、裁判を起こす。ダスティン・ホフマンが弁護することになる。

相手は大きな銃器会社。とても勝ち目はない。その状況下でダスティン・ホフマンが奮闘する。

裁判劇だが、この映画が面白いのは、ただの裁判劇になっていないこと。

銃器会社には、陪審員のコンサルタントという特殊な仕事をするプロが付く。この映画ではじめて知ったが、評決に重要な影響を及ぼす陪審員を一人一人、自分たちの側になるかそれとも敵に付くかを綿密にチェックしてゆく仕事をする。

こんなコンサルタントが本当にいるのかどうか。不思議に思うが、この映画のＤＶＤの特典映像として付されている監督のコメンタリーによれば、実在するのだという。

演じているのはジーン・ハックマン。凄腕で、チームを組んで陪審員の個人情報を調べ上げる。

制度上、陪審員を選ぶにはいきなり十二人を選ぶのではない。三十人ほど候補者を選び、それを告訴した女性側の弁護士ダスティン・ホフマンと、銃器会社の弁護士（ブルース・デイヴィソン）の双方が、まず、陪審員として認めるかどうか選定してゆく。

その際、銃器会社側ではコンサルタントのジーン・ハックマンが指示を出す。弁護士より力を持っている。

十二人の選任が決まると、今度はさらに徹底して十二人それぞれの思想、信条、家庭環境を調べ上げる。自分たちに不利な人間だとわかると、懐柔したり、弱みを握って脅したりと汚い手を使う。

いわば、陪審員の評決を〝買う〟。

『十二人の怒れる男』の時代が、はるか昔の牧歌的な時代に思えてくる。現代はここまで進んできているのか。個人と大手企業の戦いは、これでは個人にはじめから勝ち目はない。

この映画では、それでも、陪審員のなかに個人的に銃器会社に恨みを持つ男（ジョン・キューザック）がコンサルタントの目をかいくぐってひそかに入り込み、彼の活躍によってみごと悪徳コンサルタントの鼻を明かすことになる。

蛇足を加えると、陪審員のなかの一人の女性が休憩時間に本を読んでいる。これが最近、映画にもなったイエジー・コジンスキーの『異端の鳥』。ゲイリー・フレダー監督の愛読書なのだという。

（2020・11・24）

第65周

銃社会のアメリカを描いた映画の話から…『タクシードライバー』『フレンチ・コネクション』…物騒な町だった頃の〝荒れたニューヨーク〟の話につながりました。

『ニューオーリンズ・トライアル』は、夫を銃乱射事件で殺された女性が、大手銃器会社を訴えるところから物語が始まる。ジョン・グリシャムの原作、『陪審評決』（白石朗訳、新潮文庫、一九九九年）では、訴訟の相手は煙草会社になっているが、映画では銃器会社に変えられた。

西部開拓によって発展してきたアメリカでは、個人が銃を保持することは合衆国憲法修正第二条によって認められている（「人民が武器をたくわえ、またこれを携帯する権利は侵してはならない」）。

これは両刃の剣で、銃の保持を認めた結果、自衛のための銃が、いつしか攻撃のための銃となり、大統領暗殺や銃乱射事件が起ることになる。

この銃社会となったアメリカの歪みを描いた映画といえば、ポール・シュレーダー脚本、マーティン・スコセッシ監督の『タクシードライバー』（76年）がその代表だろう。

ロバート・デ・ニーロ演じるベトナム帰りの元海兵隊員トラヴィスは、戦争後遺症のためか不眠症になり、孤独な鬱屈した日々を送っている。ニューヨークの町を走る夜勤専門のタクシーの運転手になる。

当時のニューヨークは、ベトナム戦争後の不安定な時期で、犯罪が多く、町は荒れている。トラヴィスは「おかまと娼婦と麻薬中毒」の町を呪い、毒づき、「この町をクリーンにしなければ」という強迫観念にとりつかれてゆく。正義感と狂気の紙一重のところに入り込んでゆく。

そしてある日、銃を買うことになる。この場面には驚かされる。銃のセールスマン（スティーヴン・プリンス）が二つのアタッシェ・ケースに、マグナムやワルサーを何丁も入れ、まるで食品か何かを売るように気楽に銃を売る。実にたやすく銃が手に入る。

銃を手にしたトラヴィスは自分が急に強くなったように感じる。ある日、スパニッシュ・ハーレムの小さな食料品店を黒人の若者が銃を持って襲っている現場に遭遇すると、ここぞとばかり銃で撃ち殺す。いったん銃を手にすると、いとも簡単に殺人が行われる。

食料品店の主人はトラヴィスに感謝しながら「今年は強盗に入られるのはこれで五回目だ」とぼやく。ニューヨークが、危険な、物騒な町になってしまっている。

かつては華やかだった摩天楼の大都会が、荒れた町に様変わりしている。ニューヨークといえば犯罪多発都市になってしまった。

ウィリアム・フリードキン監督の『フレンチ・コネクション』（71年）は、実際の麻薬取締刑事エドワード・イーガンをモデルにした刑事（ジーン・ハックマン）の活躍を描いているが、麻薬課の刑事が注目されるのは、それだけニューヨークの町が、麻薬によって汚染されてきていることの証しだろう。

実際、この時代のニューヨークを舞台にした映画を見ると、〝荒れたニューヨーク〟を描いているものが実に多い。現実の反映だろう。かつて、ミュージカル『踊る大紐育』(49年)やラブストーリー『めぐり逢い』(57年)、あるいはファミリー映画『三十四丁目の奇蹟』(47年)、あるいはまた『ティファニーで朝食を』(61年)など多くの映画で描かれた、豊かで華やかなニューヨークの町は消え、麻薬、ポルノ、犯罪に汚染されてゆく。

『フレンチ・コネクション』では白昼、町なかで銃撃戦やカーチェイスが行われるが、もはや違和感を感じない。麻薬の密売などおなじみの場面になってしまう。

私などの世代で〝荒れたニューヨーク〟を描いて衝撃を受けた作品といえば一九六八年に公開されたラリー・ピアス監督の『ある戦慄』(67年)。深夜の地下鉄に乗り込んできた二人の不良が、大人しい乗客たちに乱暴狼藉を働いてゆく。ニューヨークの地下鉄は恐いと強く印象づけた。

地味な映画だったが、ジェリー・シャッツバーグ監督の『哀しみの街かど』(71年)では、地方からニューヨークに出て来た若い二人(アル・パチーノ、キティ・ウィン)が、いつのまにか麻薬中毒になってゆく。普通の若者がごく普通に麻薬に手を出す。これにも驚いたものだった。

この映画の原題は"The Panic in Needle Park"。「針公園」(ニードルパーク)とはマンハッタンの七十二丁目にある小さな三角形の公園、「針」は、麻薬を打つ注射針のこと。麻薬常用者が集まる公園なのでその名がついた。

脚本を書いたのはジョン・グレゴリー・ダンとジョーン・ディディオンの夫妻。ジョーンはのち作家として活躍。サクラメント出身で、シアーシャ・ローナンがサクラメントの高校生を演じたグレタ・ガーウィグ監督の『レディ・バード』（17年）では、冒頭にジョーン・ディディオンのサクラメントへの思いを語った言葉が引用された。

ニューヨークはいよいよ荒れてゆく。一九七四年の作品、ポール・マザースキー監督の『ハリーとトント』では、ニューヨークの古ぼけたアパートで猫のトントと暮す老人ハリー（アート・カーニー）は、昼間、買い物がてら町を散歩していると引ったくりに遭う。なんと「今年、四度目」。ついにニューヨークを離れる決心をする。

こうした〝荒れたニューヨーク〟が、一九七〇年代の後半になって、〝おしゃれなニューヨーク〟へ大きく様変りする。

そのひとつのきっかけになったのは、ウディ・アレンの映画だった。

（2020・11・24）

第66周

ニューヨークのイメージを一新させた『アニー・ホール』と『マンハッタン』。映画の尻取り遊び、最後はウディ・アレンにつながりました。

ウディ・アレンの一九七七年の『アニー・ホール』は、それまで軽いコメディアンと見られていたウディ・アレンがはじめて作家性を打ち出した作品として重要であるだけではなく、ニューヨークのイメージをそれまでの〝荒れた町〟から〝おしゃれな町〟へと一変させた意味でも画期的な作品だった。

ウディ・アレン演じる主人公は、スタンダップ・コメディアン。ブルックリンで生まれ、いまはマンハッタンで暮らしている。ユダヤ系アメリカ人。彼が愛するようになるダイアン・キートン演じるアニーは中西部からニューヨークへ出た。歌手志望。

二人の恋愛がコミカルに描かれてゆくのだが、この映画で画期的だったのは、それまでの〝荒れたニューヨーク〟を描く映画とは正反対で、犯罪も、麻薬も、ポルノも、ゴミだらけの汚い通りも、落書きだらけの地下鉄も一切出てこないこと。

ウディ・アレンもダイアン・キートンも知的ニューヨーカーで、共に映画館に行ったり（ベルイマンの映画を上映している）、テニスクラブでプレイしたり、本屋に寄ったりする。

悪く言えば知的スノッブだが、自己風刺があるので嫌味ではない。最後のクレジットにニューヨーク市への謝辞が入るが、ほとんどのシーンはマンハッタンで撮影されている。セントラル・パークを始め、普通のニューヨーカーが普通に暮す通りや建物が親しみをこめて描かれている。

それまで犯罪映画で見慣れた汚れたニューヨークのイメージが一変した。古き良き時代に戻ったといえばいいだろうか。いわばニューヨーク・ルネサンス。

この点がやはり新鮮だったのだろう、『アニー・ホール』はアカデミー賞で作品賞、監督賞、主演女優賞、脚本賞（ウディ・アレンとマーシャル・ブリックマン）を受賞した。映画人も〝汚ないニューヨーク〟を見るのはもう辟易していたのかもしれない。

ニューヨークの変化は、一九七八年に市長になったエドワード・コッチの行政手腕が大きい。ユダヤ系ポーランド移民の子として生まれたコッチは、民主党の下院議員を五期つとめたあと市長になった。独身で快活、卒直、次々にニューヨークの改革を進めていった。

人気は抜群で一九八一年の選挙では、民主党、共和党の両方からの推薦を受けるという異例の形で再選されている。

コッチは映画にも力を入れ、市長直属の映画オフィスを作り、ロケ地をニューヨークにするよう誘致した。また、〝I Love New York〟キャンペーンを行ない、それまでの悪いイメージを変えようとした。

ウディ・アレンの『アニー・ホール』のあとの作品、一九七九年の『マンハッタン』は明らかに、コッチ時代のニューヨークあってのニューヨーク讃歌である。最後のクレジットの謝辞では、コッチ市長を挙げている。コッチは、78年から89年まで市長を務めた。

冒頭、名手ゴードン・ウィリスのカメラ（モノクロ）がさまざまなニューヨークの姿をとらえる。セントラル・パーク、ワシントン広場、ブロードウェイ、マンハッタンとスタッテン島を結ぶフェリー、ナイターが行われているヤンキー・スタジアム……。そのニューヨークの町に、ズービン・メータの指揮するニューヨーク・フィルの演奏でガーシュウィンの『ラプソディ・イン・ブルー』が流れる。

そしてウディ・アレンの声で、自分はいかにニューヨークを愛しているかが語られてゆく。物語は、ウディ・アレン演じるテレビのコメディ作家が、まだ十七歳の少女（マリエル・ヘミングウェイ）と、大人のジャーナリスト（ダイアン・キートン）とのあいだを行ったり来たりすることで進んでゆくが、この映画の見どころは、何よりも次々に紹介されてゆくニューヨークの名所にある。

冒頭、ウディ・アレンがマリエル・ヘミングウェイや友人のマイケル・マーフィらと食事をするレストラン、エレインズ。

ダイアン・キートンがマイケル・マーフィと出かけるデパート、ブルーミング・デールズ。

ウディ・アレンとダイアン・キートンがデートの最中、雨に降られ、駆け込むヘイデン・プラネタリウム。

あるいは、ウディ・アレンがマリエル・ヘミングウェイと夜に乗る観光馬車、などなど。

そして、いちばんこの映画で有名になったのは、ポスターにも使われたイースト・リヴァーに架かる箱型のトラスの美しいクイーンズ・ボロ・ブリッジだろう。

夜、ウディ・アレンとダイアン・キートンは、この橋がすぐ前に見える川べりのベンチに坐る。

夜遅く、恋人たちが公園にいる。それだけ、ニューヨークの町が安全になった証しだろう。

個人的な話になるが、私がはじめてニューヨークに行ったのは一九七九年。コッチ市長による改革が進み、ニューヨークが安全な町に戻りつつある時だった。

きれいな映画館で『マンハッタン』を見てそのあとクイーンズ・ボロ・ブリッジを見に行ったものだった。

さて、ウディ・アレンから始めた映画のメリーゴーラウンド（映画の尻取り遊び）、ウディ・アレンに戻ったところで終わりにしよう。

（2020・12・22）

初出：「ぴあ」アプリ版

2018年6月29日
〜2020年12月22日

あとがき

映画の尻取り遊びの本である。

例えば、冒頭のウディ・アレンが監督した『女と男の観覧車』（18年）はニューヨークの遊園地コニー・アイランドを舞台にしている。そこでまずこの映画について触れる。

続いてコニー・アイランドが出て来た映画として私などの世代には懐しい一九五〇年代のメロドラマ、ダグラス・サーク監督、ラナ・ターナー主演の『悲しみは空の彼方に』に話はつながる。

コニー・アイランドではホットドッグが名物だった。一九三〇年代のアメリカではコニー・アイランドと言えば、大きなソーセージを挟んだホットドッグのことだった。

そこで、主人公が、レストランでコニー・アイランドを頼んだ映画として、ピーター・ボグダノヴィチ監督、ライアン・オニール、テータム・オニール出演の『ペーパー・ムーン』（73年）へとつながる。

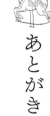

映画の尻取り遊びである。連想ゲームと呼んでもいいかもしれない。

この場合、俳優や監督でつなげるのではなく、なるべくコニー・アイランドやホットドッグというように映画のなかのディテイル、小道具でつなげるようにしている。俳優や監督でつなげてゆくのでは簡単過ぎて面白味がない。

映画をディテイルで見るのが好きな人間としては、小道具や小物など細部に注目することで、話をつなげてゆく。

『ティファニーで朝食を』（61年）でオードリー・ヘプバーンが飼っていた猫の話をしたら、次にジョージ・スティーヴンス監督の懐しいホームドラマ、アイリーン・ダンの母親ぶりが素晴しかった『ママの想い出』（48年）の猫へと話がつながり、さらに『ママの想い出』にはディケンズが読まれる場面があり、そういえばディケンズが読まれる場面といえば、ヴィヴィアン・リー主演の『風と共に去りぬ』（39年）があったと思い出す。

日本映画でいえば、森田芳光監督の『の・ようなもの』（81年）に東武電車の堀切駅が出てくることから、同じく堀切駅が出てきた小津安二郎監督の『東京物語』（53年）につながってゆく。

原田康子原作、五所平之助監督の『挽歌』（57年）には、釧路の喫茶店でヘンデルの『調子のよい鍛冶屋』が流れていたことから、ヘンデルの『ラルゴ』がシンセサイザーによって編曲され主題曲のように使われた市川崑監督の『細雪』（83年）につながる。

洋画と邦画も等しく扱っている。『東京物語』のあとにジョン・フォード監督の『駅馬車』（39年）へとゆくように。あるいは「細雪」のあとに、グレタ・ガーウィグ監督、シアーシャ・ローナン主演の『ストーリー・オブ・マイライフ　わたしの若草物語』（19年）へと向うように邦洋、隔てはない。

連想によって映画を次々につなげてゆく。映画の本はたくさん出ているが、こういう趣向の本はこれまでなかったと思う。

尻取り遊び、連想ゲームと書いたように遊びの本ではあるが、私なりにささやかな企みもある。映画批評というと、どうしても作品論、監督論、映像論となりがちで、そうなるとディテイルを語ることがつまらぬことと切り捨てられがちになる。

たとえば小津安二郎監督の『東京物語』のなかに、東京で開業医をしている山村聰の中学生の男の子が口笛で『駅馬車』の主題曲を吹く場面があるが、普通、『東京物語』を論じる時、誰もそんなことは些末なことと取り上げない。

成瀬巳喜男監督の『浮雲』（55年）のある場面に『インターナショナル』が歌われることも、まず語られない。

井伏鱒二原作、澁谷實監督の『本日休診』（52年）には、終戦後の住宅難の時代に蒲田駅にあった「汽車住宅」が出て来て鉄道ファンを喜ばせるのだが、通常の映画批評ではそれについてはまず語られない。

こうしたことが映画批評の本流からは、はずされてゆく。なんとも勿体ない。まるでパンの耳を捨てるようなもの。ディテイルにも映画の作り手の思いが込められているのに、それを無視してしまうのは、長年、映画を見て来てきた人間には、まったく納得出来ない。

映画のメリーゴーラウンド（つまり、尻取り遊び）とは、遊びながら、同時に普通、忘れられがちなディテイルをよみがえらせようとする試みである。時には、パン本体より耳のほうがおいしいもの。あまりディテイルにこだわるとすぐに「木を見て森を見ない」と批判されるが、木あっての森であることを忘れてはならない。「神は細部に宿る」と大仰なことは言わないが、細部には小さなお地蔵さんぐらいは潜んでいると思う。

近年、映画環境は大きく変わった。古い映画が容易に見られるようになった。邦画についていえば、神保町シアター、ラピュタ阿佐ヶ谷、シネマヴェーラなどのミニシアターが、思いもかけなかった昔の日本映画を上映してくれる。

洋画についていえば、ジュネス企画、ディスク・ロードが昔の映画を次々にＤＶＤにしてくれる。もう二度と見ることが出来ないと思っていた映画を見ることが出来る。有難いことで、本書を書くに当っては、これらの映画館、ＤＶＤ販売会社のお世話になった。

本書は「ぴあ」アプリ版に連載したものである。担当の坂口英明氏、連載中だけではなく本書にもイラストを添えて下さった高松啓二氏、文藝春秋との間に入って下さった元「キネマ旬報」編集長の植草信和氏、そして本書の担当の文藝春秋の武藤旬氏。皆様に心より感謝いたします。

第１周
『女と男の観覧車』 2017年　アメリカ
監督・脚本：ウディ・アレン　撮影：ヴィットリオ・ストラーロ
出演：ケイト・ウィンスレット／ジャスティン・ティンバーレイク／ジム・ベルーシ
『アニー・ホール』 1977年　アメリカ
監督・脚本：ウディ・アレン　脚本：ウディ・アレン／マーシャル・ブリックマン
撮影：ゴードン・ウィリス
出演：ウディ・アレン／ダイアン・キートン／トニー・ロバーツ／キャロル・ケイン／クリストファー・ウォーケン
『悲しみは空の彼方に』 1959年　アメリカ
監督：ダグラス・サーク　原作：ファニー・ハースト
出演：ラナ・ターナー／ジョン・ギャヴィン／サンドラ・ディー／トロイ・ドナヒュー
『シェイプ・オブ・ウォーター』 2017年　アメリカ
監督：ギレルモ・デル・トロ　脚本：ギレルモ・デル・トロ／バネッサ・テイラー
出演：サリー・ホーキンス／マイケル・シャノン／オクタヴィア・スペンサー／リチャード・ジェンキンス／タブ・ジョーンズ
『ペーパー・ムーン』 1973年　アメリカ
監督：ピーター・ボグダノヴィチ　原作：ジョー・デヴィッド・ブラウン
脚本：アルヴィン・サージェント
出演：ライアン・オニール／テータム・オニール／マデリーン・カーン／ランディ・クエイド
『周遊する蒸気船』 1935年　アメリカ
監督：ジョン・フォード　脚本：ダドリー・ニコルズ／ラマー・トロッティ
出演：ウィル・ロジャース／アン・シャーリー／ユージン・パレット

第２周
『ペーパー・ムーン』（第１周前出）
『つぐない』 2007年　イギリス・フランス
監督：ジョー・ライト
出演：キーラ・ナイトレイ／ジェームズ・マカボイ／シアーシャ・ローナン
『レディ・バード』 2017年　アメリカ
監督：グレタ・ガーウィグ
出演：シアーシャ・ローナン／ローリー・メトカーフ／トレイシー・レッツ
『ブルックリン』 2015年　アイルランド・イギリス・カナダ
監督：ジョン・クローリー
出演：シアーシャ・ローナン／ドーナル・グリーソン／エモリー・コーエン
『女と男の観覧車』（第１周前出）
『トルーマン・カポーティ 真実のテープ』 2019年　アメリカ
監督：イーブス・バーノー
出演：トルーマン・カポーティ／ディックキャベット／ケイト・ハリントン

第3周
『レディ・バード』（第2周前出）
『クレイマー、クレイマー』 1979年　アメリカ
監督：ロバート・ベントン
出演：ダスティン・ホフマン／メリル・ストリープ／ジャスティン・ヘンリー
『アニー・ホール』（第1周前出）
『コレクター』 1965年　イギリス・アメリカ
監督：ウィリアム・ワイラー
出演：テレンス・スタンプ／サマンサ・エッガー
『シャイニング』 1980年　イギリス・アメリカ
監督：スタンリー・キューブリック
出演：ジャック・ニコルソン／シェリー・デュバル／ダニー・ロイド
『フィールド・オブ・ドリームス』 1989年　アメリカ
監督：フィル・アルデン・ロビンソン
出演：ケヴィン・コスナー／レイ・リオッタ／ジェームズ・アール・ジョーンズ

第4周
『ブルックリン横丁』 1945年　アメリカ
監督：エリア・カザン
出演：ドロシー・マクガイア／ペギー・アン・ガーナー／ジェームズ・ダン
『フィールド・オブ・ドリームス』（第3周前出）
『ブルー・イン・ザ・フェイス』 1995年　アメリカ
監督：ウェイン・ワン／ポール・オースター
出演：ハーヴェイ・カイテル／メル・ゴーラム／ルー・リード／ジム・ジャームッシュ
『アルカトラズからの脱出』 1979年　アメリカ
監督：ドン・シーゲル
出演：クリント・イーストウッド／パトリック・マクグーハン／ポール・ベンジャミン
『ブルックリン』（第2周前出）

第5周
『東京暗黒街 竹の家』 1955年　アメリカ
監督：サミュエル・フラー
出演：ロバート・スタック／ロバート・ライアン／山口淑子／キャメロン・ミッチェル／ブラッド・デクスター／早川雪洲
『その手にのるな』 1958年　松竹大船
監督：岩間鶴夫　原作：ジョルジュ・シムノン
出演：高橋貞二／杉田弘子／小山明子／南原伸二／渡辺文雄
『の・ようなもの』 1981年　ニューズ・コーポレーション
監督：森田芳光
出演：伊藤克信／尾藤イサオ／秋吉久美子／麻生えりか

『東京物語』 1953年　松竹
監督・脚本：小津安二郎　共同脚本：野田高梧
出演：笠智衆／東山千栄子／原節子／杉村春子／山村聰

第６周
『駅馬車』 1939年　アメリカ
監督：ジョン・フォード
出演：ジョン・ウェイン／クレア・トレヴァー／トーマス・ミッチェル／ジョージ・バンクロフト／アンディ・ディバイン
『砂漠の流れ者』 1970年　アメリカ
監督：サム・ペキンパー
出演：ジェイソン・ロバーツ／ステラ・スティーヴンス／デヴィッド・ワーナー／ストローザー・マーティン／Ｌ・Ｑ・ジョーンズ
『静かなる男』 1952年　アメリカ
監督：ジョン・フォード
出演：ジョン・ウェイン／モーリン・オハラ／バリー・フィッツジェラルド／ワード・ボンド／ヴィクター・マクラグレン
『月の出の脱走』 1957年　アイルランド
監督：ジョン・フォード
出演：ノエル・パーセル／シリル・キューザック／モーリン・コンネル／フランク・ロートン／ジミー・オディア
『スリー・ビルボード』 2017年　イギリス・アメリカ
監督：マーティン・マクドナー
出演：フランシス・マクドーマンド／ウディ・ハレルソン／サム・ロックウェル／アビー・コーニッシュ／ジョン・ホークス

第７周
『スリー・ビルボード』（第６周前出）
『夏目漱石の三四郎』 1955年　東宝
監督：中川信夫
出演：山田真二／八千草薫／笠智衆／土屋嘉男／岩崎加根子
『静かなる情熱 エミリ・ディキンスン』 2016年　イギリス
監督：テレンス・デイヴィス
出演：シンシア・ニクソン／ジェニファー・イーリー／キース・キャラダイン／ジョディ・メイ／キャサリン・ベイリー
『パターソン』 2016年　アメリカ
監督：ジム・ジャームッシュ
出演：アダム・ドライバー／ゴルシフテ・ファラハニ／バリー・シャバカ・ヘンリー／クリフ・スミス／チャステン・ハーモン
『白い家の少女』 1976年　カナダ・フランス・アメリカ

監督：ニコラス・ジェスネル
出演：ジョディ・フォスター／マーティン・シーン／アレクシス・スミス／スコット・ジャコビー／モルト・シューマン
『ソフィーの選択』 1982年　アメリカ
監督：アラン・J・パクラ
出演：メリル・ストリープ／ケヴィン・クライン／ピーター・マクニコル／リタ・カリン／スティーヴン・D・ニューマン
『ターザン紐育（ニューヨーク）へ行く』 1942年　アメリカ
監督：リチャード・ソープ
出演：ジョニー・ワイズミュラー／モーリン・オサリバン／ジョン・シェフィールド／ヴァージニア・グレイ／チャールズ・ビックフォード
『踊る大紐育』 1949年　アメリカ
監督：ジーン・ケリー／スタンリー・ドーネン
出演：ジーン・ケリー／フランク・シナトラ／ジュールス・マンシン／ヴェラ＝エレン／ベティ・ギャレット
『サタデー・ナイト・フィーバー』 1977年　アメリカ
監督：ジョン・バダム
出演：ジョン・トラボルタ／カレン・リン・ゴーニイ／バリー・ミラー／ジョゼフ・カリ／ポール・ペイプ

第8周
『ブルックリン横丁』（第4周前出）
『町の人気者』 1943年　アメリカ
監督：クラレンス・ブラウン　原作：ウィリアム・サロイヤン
出演：ミッキー・ルーニー／フランク・モーガン／ジェームズ・グレイグ／ヴァン・ジョンソン
『ティファニーで朝食を』 1961年　アメリカ
監督：ブレイク・エドワーズ　原作：トルーマン・カポーティ
出演：オードリー・ヘプバーン／ジョージ・ペパード／パトリシア・ニール／ミッキー・ルーニー

第9周
『ティファニーで朝食を』（第8周前出）
『寝ても覚めても』 2018年　配給：ビターズ・エンド＝エレファントハウス
監督：濱口竜介
出演：東出昌大／唐田えりか／瀬戸康史／山下リオ／伊藤沙莉
『めまい』 1958年　アメリカ
監督：アルフレッド・ヒッチコック
原作：ピエール・ボアロ／トーマス・ナルスジャック
出演：ジェームズ・スチュアート／キム・ノヴァク／バーバラ・ベル・ゲデス

『愛のメモリー』 1976年　アメリカ
監督：ブライアン・デ・パルマ
出演：クリフ・ロバートソン／ジュヌヴィエーヴ・ビジョルド／ジョン・リスゴー
『ママの想い出』 1948年　アメリカ
監督：ジョージ・スティーヴンス　原作：キャスリン・フォーブス
出演：アイリーン・ダン／バーバラ・ベル・ゲデス／オスカー・ホモルカ／フィリップ・ドーン

第10周
『ママの想い出』（第９周前出）
『恋の花咲く 伊豆の踊子』 1933年　松竹蒲田
監督：五所平之助　原作：川端康成
出演：田中絹代／大日方伝／小林十九二／若水絹子／高松栄子
『おかあさん』 1952年　新東宝
監督：成瀬巳喜男　脚本：水木洋子
出演：田中絹代／三島雅夫／香川京子／片山明彦／加東大介／中北千枝子
『我が家は楽し』 1951年　松竹大船
監督：中村登
出演：笠智衆／山田五十鈴／高峰秀子／岸惠子／岡本克政

第11周
『Merry Christmas! ～ロンドンに奇跡を起こした男～』 2017年　アメリカ
監督：バハラット・ナルルーリ
出演：ダン・スティーヴンス／クリストファー・プラマー／ジョナサン・プライス
『風と共に去りぬ』 1939年　アメリカ
監督：ヴィクター・フレミング
出演：ヴィヴィアン・リー／クラーク・ゲーブル／レスリー・ハワード／オリヴィア・デ・ハヴィランド
『ママの想い出』（第９周前出）
『マッキントッシュの男』 1973年　アメリカ・イギリス
監督：ジョン・ヒューストン
出演：ポール・ニューマン／ジェームズ・メイスン／ドミニク・サンダ
『ハンドフル・オブ・ダスト』 1988年　イギリス
監督：チャールズ・スターリッジ
出演：ジェームズ・ウィルビー／クリスティン・スコット・トーマス／ルパート・グレイヴス／アンジェリカ・ヒューストン／ジュディ・デンチ／アレック・ギネス

第12周
『ブルックリン横丁』（第４周前出）
『素晴らしき哉、人生！』 1946年　アメリカ

監督：フランク・キャプラ
出演：ジェームズ・ステュアート／ドナ・リード／ライオネル・バリモア／ヘンリー・トラヴァース
『三十四丁目の奇蹟』 1947年　アメリカ
監督：ジョージ・シートン
出演：モーリン・オハラ／ジョン・ペイン／エドモンド・グウェン／ナタリー・ウッド
「賢者の贈り物」（オムニバス映画『人生模様』の第５話） 1952年　アメリカ
監督：ヘンリー・キング　原作：O・ヘンリー　脚本：ウォルター・バロック
出演：ジーン・クレイン／ファーリー・グレンジャー
『レディ・バード』（第２周前出）

第13周
『夫婦』 1953年　東宝
監督：成瀬巳喜男
出演：上原謙／杉葉子／藤原釜足／瀧花久子／小林桂樹
『ALWAYS 三丁目の夕日』 2005年　配給：東宝
監督：山崎貴
出演：吉岡秀隆／堤真一／小雪／薬師丸ひろ子／堀北真希
『一粒の麦』 1958年　大映東京
監督：吉村公三郎
出演：菅原謙二／若尾文子／東野英治郎／木下雅弘／中根勇
『男はつらいよ 奮闘篇』（第7作） 1971年　松竹
監督：山田洋次
出演：渥美清／倍賞千恵子／ミヤコ蝶々／前田吟／三崎千恵子

第14周
『一粒の麦』（第13周前出）
『煙突の見える場所』 1953年　8プロ＝新東宝
監督：五所平之助
出演：上原謙／田中絹代／芥川比呂志／高峰秀子
『女が階段を上る時』 1960年　東宝
監督：成瀬巳喜男
出演：高峰秀子／森雅之／加東大介／中村鴈治郎（2代目）／仲代達矢
『左ききの狙撃者・東京湾』 1962年　松竹大船
監督：野村芳太郎
出演：石崎二郎／西村晃／三井弘次／佐藤慶／浜村純
『いつでも夢を』 1963年　日活
監督：野村孝
出演：橋幸夫／吉永小百合／浜田光夫／信欣三／織田政雄
『風の中の牝雞』 1948年　松竹大船

監督：小津安二郎
出演：田中絹代／佐野周二／村田知英子（知栄子）／笠智衆／坂本武
『東京物語』（第５周前出）

第15周
『煙突の見える場所』（第14周前出）
『東京物語』（第５周前出）
『「春情鳩の街」より 渡り鳥いつ帰る』 1955年 東京映画
監督：久松静児 原作：永井荷風
出演：田中絹代／森繁久彌／高峰秀子／久慈あさみ／淡路恵子／岡田茉莉子／水戸光子／桂木洋子／織田政雄
『お嬢さん乾杯！』 1949年 松竹大船
監督：木下惠介 脚本：新藤兼人
出演：佐野周二／原節子／佐田啓二／坂本武／村瀬幸子
『下町の太陽』 1963年 松竹大船
監督：山田洋次 脚本：山田洋次／不破三雄／熊谷勲
出演：倍賞千恵子／勝呂誉／早川保／石川進／待田京介／藤原釜足／東野英治郎
『キューポラのある街』 1962年 日活
監督：浦山桐郎
出演：吉永小百合／市川好郎／東野英治郎／浜村純／菅井きん／浜田光夫
『綴方教室』 1938年 東宝
監督：山本嘉次郎
出演：高峰秀子／小高まさる／徳川夢声／清川虹子／瀧澤修
『浮雲』 1955年 東宝
監督：成瀬巳喜男 原作：林芙美子
出演：高峰秀子／森雅之／中北千枝子／山形勲／岡田茉莉子／加東大介

第16周
『浮雲』（第15周前出）
『フェリーニのアマルコルド』 1974年 イタリア・フランス
監督：フェデリコ・フェリーニ
出演：ブルーノ・ザニン／プペラ・マッジョ／マガリ・ノエル／アルマンド・ブランチャ／チッチョ・イングラシア
『ブリキの太鼓』 1979年 西ドイツ・フランス
監督：フォルカー・シュレンドルフ 原作：ギュンター・グラス
出演：ダーヴィット・ベネント／マリオ・アドルフ／アンゲラ・ビンクラー／ダニエル・オルブリフスキー
『レッズ』 1981年 アメリカ
監督：ウォーレン・ビーティ
出演：ウォーレン・ビーティ／ダイアン・キートン／エドワード・ハーマン／イエジー・コ

ジンスキー／ジャック・ニコルソン

第17周

『レッズ』（第16周前出）

『チャンス』 1979年　アメリカ

監督：ハル・アシュビー　原作・脚本：イエジー・コジンスキー

出演：ピーター・セラーズ／シャーリー・マクレーン／メルヴィン・ダグラス／ジャック・ウォーデン

『修道士は沈黙する』 2016年　フランス・イタリア

監督：ロベルト・アンドー

出演：トニ・セルヴィッロ／コニー・ニールセン／ピエルフランチェスコ・ファヴィーノ／マリ＝ジョゼ・クローズ／モーリッツ・ブライブトロイ

第18周

『チャンス』（第17周前出）

『ハロルドとモード 少年は虹を渡る』 1971年　アメリカ

監督：ハル・アシュビー　脚本：コリン・ヒギンズ

出演：ルース・ゴードン／バッド・コート／ビビアン・ピックルズ／シリル・キューザック

『噂の二人』 1961年　アメリカ

監督：ウィリアム・ワイラー

出演：オードリー・ヘプバーン／シャーリー・マクレーン／ジェームズ・ガーナー／ミリアム・ホプキンス

『白と黒のナイフ』 1985年　アメリカ

監督：リチャード・マーカンド

出演：グレン・クロウズ／ジェフ・ブリッジス／ピーター・コヨーテ／ロバート・ロッジア

『推定無罪』 1990年　アメリカ

監督：アラン・J・パクラ　原作：スコット・トゥロー

出演：ハリソン・フォード／ボニー・ベデリア／ラウル・ジュリア／グレタ・スカッキ／ブライアン・デネヒー

第19周

『チャンス』（第17周前出）

『ブラック・スワン』 2010年　アメリカ

監督：ダーレン・アロノフスキー

出演：ナタリー・ポートマン／ヴァンサン・カッセル／ミラ・クニス／バーバラ・ハーシー／ウィノナ・ライダー

『シェイプ・オブ・ウォーター』（第1周前出）

『大アマゾンの半魚人』 1954年　アメリカ

監督：ジャック・アーノルド

出演：リチャード・カールソン／ジュリア（ジュリー）・アダムス／リチャード・デニング／

アントニオ・モレノ／ネスター・パイヴァ
『七年目の浮気』 1955年　アメリカ
監督：ビリー・ワイルダー
出演：マリリン・モンロー／トム・イーウェル／イヴリン・キース／ソニー・タフツ／オスカー・ホモルカ

第20周
『七年目の浮気』（第19周前出）
『さらば愛しき女よ』 1975年　アメリカ
監督：ディック・リチャーズ
出演：ロバート・ミッチャム／シャーロット・ランプリング／ジョン・アイアランド／シルヴィア・マイルズ
『現金（げんなま）に体を張れ』 1956年　アメリカ
監督：スタンリー・キューブリック　原作：ライオネル・ホワイト
脚本：スタンリー・キューブリック／ジム・トンプソン
出演：スターリング・ヘイドン／コリーン・グレイ／ヴィンス・エドワーズ／ジェイ・C・フリッペン／ティモシー・ケリー
『ゲッタウェイ』 1972年　アメリカ
監督：サム・ペキンパー　原作：ジム・トンプソン
出演：スティーヴ・マックイーン／アリ・マッグロー／ベン・ジョンソン／サリー・ストラザース／アル・レッティエリ
『組織』 1973年　アメリカ
監督・脚本：ジョン・フリン　原作：リチャード・スターク
出演：ロバート・デュヴァル／カレン・ブラック／ジョー・ドン・ベイカー／ロバート・ライアン／ティモシー・ケリー／リチャード・ジャッケル／シェリー・ノース

第21周
『七年目の浮気』（第19周前出）
『逢びき』 1945年　イギリス
監督：デヴィッド・リーン
出演：トレヴァー・ハワード／シリア・ジョンソン／スタンリー・ホロウェイ／シリル・レイモンド
『アパートの鍵貸します』 1960年　アメリカ
監督：ビリー・ワイルダー
出演：ジャック・レモン／シャーリー・マクレーン／フレッド・マクマレイ／レイ・ウォルストン／ジャック・クルーシェン

第22周
『逢びき』（第21周前出）
『妻』 1953年　東宝

監督：成瀬巳喜男　原作：林芙美子
出演：上原謙／高峰三枝子／丹阿弥谷津子／高杉早苗／中北千枝子／新珠三千代／三國連太郎
『素晴らしき日曜日』 1947年　東宝
監督：黒澤明
出演：沼崎勲／中北千枝子／渡辺篤／中村是好／内海突破
『天国と地獄』 1963年　東宝＝黒澤プロダクション
監督：黒澤明
出演：三船敏郎／仲代達矢／香川京子／三橋達也／佐田豊／山﨑努
『八月の狂詩曲（ラプソディー）』 1991年　東宝＝黒澤プロダクション
監督：黒澤明
出演：村瀬幸子／吉岡秀隆／大寶智子／鈴木美恵／伊嵜充則
『未完成交響楽』 1933年　オーストリア・ドイツ
監督：ヴィリ・フォルスート
出演：ハンス・ヤーライ／ルイーゼ・ウルリッヒ／マルタ・エゲルト／ハンス・モーザー／アンナ・カリーナ
『一人息子』 1936年　松竹大船
監督：小津安二郎　脚本：池田忠雄／荒田正雄
出演：飯田蝶子／日守新一／坪内美子／笠智衆

第23周
『男はつらいよ 寅次郎頑張れ！』（シリーズ第20作）1977年　松竹
監督：山田洋次
出演：渥美清／中村雅俊／大竹しのぶ／倍賞千恵子／前田吟／太宰久雄／下條正巳／笠智衆／藤村志保
『風立ちぬ』 2013年　スタジオジブリ
監督：宮崎駿
出演（声）：庵野秀明／瀧本美織／西島秀俊／西村雅彦／スティーブン・アルパート／風間杜夫／竹下景子／志田未来／國村隼／大竹しのぶ／野村萬斎
『修道士は沈黙する』（第17周前出）
『ピアニスト』 2001年　フランス
監督：ミヒャエル・ハネケ
出演：イザベル・ユペール／ブノワ・マジメル／アニー・ジラルド／アンナ・シガレヴィッチ／スザンヌ・ロタール
『白いリボン』 2009年　ドイツ・オーストリア・フランス・イタリア
監督：ミヒャエル・ハネケ
出演：ウルリッヒ・トゥクール／ブルクハルト・クラウスナー／ヨーゼフ・ビアビヒラー／ライナー・ボック／スザンヌ・ロタール

第24周
『風立ちぬ』（第23周前出）
『乙女ごゝろ三人姉妹』 1935年　P.C.L.映画製作所
監督・脚本：成瀬巳喜男
出演：細川ちか子／堤真佐子／梅園竜子／林千歳／松本千里／三條正子／松本万里代／瀧澤修／大川平八郎
『噂の娘』 1935年　P.C.L.映画製作所
監督・脚本：成瀬巳喜男
出演：千葉早智子／梅園竜子／伊藤智子／汐見洋／御橋公
『母のおもかげ』 1959年　大映東京
監督：清水宏　脚本：外山凡平
出演：淡島千景／根上淳／毛利充宏／南左斗子／入江洋佑／見明凡太朗／村田知栄子／安本幸代
『夜ごとの夢』 1933年　松竹蒲田
監督・原作：成瀬巳喜男　脚本：池田忠雄
出演：栗島すみ子／小島照子／斎藤達雄／新井淳／吉川満子／坂本武／大山健二／小倉繁
『幸運の仲間』 1946年　東宝
監督：佐伯清　脚本：山下與志一
出演：榎本健一／清水金一／山根寿子／中村是好／池眞理子
『ひばりの悲しき瞳』 1953年　松竹大船
監督：瑞穂春海　脚本：山内久／馬場当
出演：美空ひばり／藤乃高子／日守新一／川喜多雄二／水上令子／草間百合子／望月優子／三井弘次／多々良純／川田晴久／奈良真養
『女が階段を上る時』（第14周前出）
『如何なる星の下に』 1962年　東京映画
監督：豊田四郎　脚本：八住利雄
出演：山本富士子／池内淳子／大空眞弓／加東大介／三益愛子／池部良／森繁久彌／植木等／西村晃／山茶花究／北あけみ

第25周
『愛すればこそ』 1955年　独立映画
監督：吉村公三郎／今井正／山本薩夫
出演：乙羽信子／町田芳子／香川京子／内藤武敏／山田五十鈴／久我美子
『東京の恋人』 1952年　東宝
監督：千葉泰樹　脚本：井手俊郎／吉田二三夫
出演：原節子／三船敏郎／杉葉子／小泉博／増淵一夫
『銀座カンカン娘』 1949年　新東宝
監督：島耕二　脚本：中田晴康／山本嘉次郎
出演：高峰秀子／灰田勝彦／笠置シヅ子／古今亭志ん生（5代目）／浦辺粂子／岸井明
『幸福（しあわせ）の黄色いハンカチ』 1977年　松竹

監督：山田洋次　脚本：山田洋次／朝間義隆　原作：ピート・ハミル
出演：高倉健／倍賞千恵子／武田鉄矢／桃井かおり／渥美清

第26周
『幸福の黄色いハンカチ』（第25周前出）
『フレンチ・コネクション2』　1975年　アメリカ
監督：ジョン・フランケンハイマー
脚本：ロバート・ディロン／ローリー・ディロン／アレクサンダー・ジェイコブス
出演：ジーン・ハックマン／フェルナンド・レイ／ベルナール・フレッソン／ジャン＝ピエール・カスタルディ／キャスリーン・ネスビット
『昼下りの情事』　1957年　アメリカ
監督：ビリー・ワイルダー　原作：クロード・アネ
出演：ゲイリー・クーパー／オードリー・ヘプバーン／モーリス・シュヴァリエ／ジョン・マッギヴァー
『7月4日に生まれて』　1989年　アメリカ
監督：オリヴァー・ストーン　脚本：オリヴァー・ストーン／ロン・コヴィック
出演：トム・クルーズ／ウィレム・デフォー／キーラ・セジウィック／トム・ベレンジャー／スティーヴン・ボールドウィン
『イッツ・マイ・ターン（私の番よ）**』**　1980年　アメリカ　日本未公開
監督：クローディア・ウェイル　脚本：エレノア・バーグスタイン
出演：マイケル・ダグラス／ジル・クレイバーグ／チャールズ・グローディン／ダイアン・ウィースト／ダニエル・スターン
『ミンクの手ざわり』　1962年　アメリカ
監督：デルバート・マン　脚本：スタンリー・シャピロ／ネイト・モナスター
出演：ケイリー・グラント／ドリス・デイ／オードリー・メドウズ

第27周
『グリーンブック』　2018年　アメリカ
監督：ピーター・ファレリー
脚本：ピーター・ファレリー／ブライアン・カーリー／ニック・バレロンガ
出演：ヴィゴ・モーテンセン／マハーシャラ・アリ／リンダ・カーデリーニ
『カーネギー・ホール』　1947年　アメリカ
監督：エドガー・G・ウルマー　脚本：カール・ラム　原作：シーナ・オウエン
出演：ハンス・ヤーライ／マーシャ・ハント／アルトゥール・ルービンシュタイン／レオポルド・ストコフスキー／ウィリアム・プリンス
『黒猫』　1934年　アメリカ
監督：エドガー・G・ウルマー　原作：エドガー・アラン・ポー
脚本：エドガー・G・ウルマー／ピーター・ルーリック
出演：ボリス・カーロフ／ベラ・ルゴシ／デヴィッド・マナーズ／ジャクリーン・ウェルズ／ルシル・ランド

『恐怖のまわり道』 1945年　アメリカ
監督：エドガー・G・ウルマー　脚本：マーティン・ゴールドスミス
出演：トム・ニール／アン・サヴェージ／クローディア・ドレイク／エドマンド・マクドナルド／ティム・ライアン
『町の人気者』（第8周前出）

第28周
『冬の華』 1978年　東映京都
監督：降旗康男　脚本：倉本聰
出演：高倉健／池上季実子／三浦洋一／倍賞美津子／藤田進／池部良／田中邦衛
『ここに泉あり』 1955年　中央映画
監督：今井正　脚本：水木洋子
出演：岸惠子／岡田英次／小林桂樹／山田耕筰／三井弘次／加東大介／草笛光子／沢村貞子／大滝秀治／十朱久雄／東野英治郎
『駅 STATION』 1981年　東宝映画
監督：降旗康男　脚本：倉本聰
出演：高倉健／いしだあゆみ／根津甚八／烏丸せつこ／倍賞千恵子／古手川祐子／阿藤海
『レオン』 1994年　フランス・アメリカ
監督・脚本：リュック・ベッソン
出演：ジャン・レノ／ナタリー・ポートマン／ゲイリー・オールドマン／ダニー・アイエロ
『勝手にしやがれ』 1959年　フランス
監督・脚本：ジャン＝リュック・ゴダール
出演：ジャン＝ポール・ベルモンド／ジーン・セバーグ／ダニエル・ブーランジェ
『影の軍隊』 1969年　フランス
監督・脚本：ジャン＝ピエール・メルヴィル
出演：リノ・ヴァンチュラ／シモーヌ・シニョレ／ポール・ムーリス／ジャン＝ピエール・カッセル

第29周
『冬の華』（第28周前出）
『勝手にしやがれ』（第28周前出）
『父 パードレ・パドローネ』 1977年　イタリア
監督・脚本：パオロ・タヴィアーニ／ヴィットリオ・タヴィアーニ
出演：オメロ・アントヌッティ／サヴェリオ・マルコーニ／ファブリツィオ・フォルテ／マルチェッラ・ミケランジェリ／ナンニ・モレッティ
『愛と哀しみの果て』 1985年　アメリカ
監督：シドニー・ポラック　原作：アイザック・ディネーセン　脚本：カート・ルードック
出演：ロバート・レッドフォード／メリル・ストリープ／クラウス・マリア・ブランダウアー
『ハンカチのご用意を』 1978年　フランス
監督・脚本：ベルトラン・ブリエ

出演：ジェラール・ドパルデュー／パトリック・ドベール／キャロル・ローレ／ミシェル・セロー／ジャン・ルージェリー
『殴られる男』 1956年　アメリカ
監督：マーク・ロブソン　脚本：フィリップ・ヨーダン
出演：ハンフリー・ボガート／ロッド・スタイガー／マイク・レイン／ジャン・スターリング／マックス・ベア
『地獄へ秒読み』 1959年　アメリカ・イギリス　日本未公開
監督：ロバート・アルドリッチ　脚本：ロバート・アルドリッチ／テディ・シャーマン
出演：ジェフ・チャンドラー／ジャック・パランス／マルティーヌ・キャロル／ロバート・コーンスウェイト／デイヴ・ウィルロック／ウェズリィ・アディ
『特攻大作戦』 1967年　アメリカ・イギリス
監督：ロバート・アルドリッチ
脚本：ナナリー・ジョンソン／ルーカス・ヘラー
出演：リー・マーヴィン／アーネスト・ボーグナイン／ジム・ブラウン／ジョージ・ケネディ／ドナルド・サザーランド／チャールズ・ブロンソン／ロバート・ライアン
『攻撃』 1956年　アメリカ
監督：ロバート・アルドリッチ　脚本：ジェームズ・ポー
出演：ジャック・パランス／エディ・アルバート／リー・マーヴィン
『浮気なカロリーヌ』 1953年　フランス
監督：ジャン・ドヴェヴル　原作：セシル・サン＝ローラン
出演：マルティーヌ・キャロル／ジャック・ダクミーヌ／マルト・メルカディエ／ジャン・クロード・パスカル
『ボルジア家の毒薬』 1953年　フランス
監督：クリスチャン・ジャック
脚本：クリスチャン・ジャック／ジャック・シギュール／セシル・サン＝ローラン
出演：マルティーヌ・キャロル／ペドロ・アルメンダリス／マッシモ・セラート／ヴァランティーヌ・テシエ
『女優ナナ』 1955年　フランス
監督：クリスチャン・ジャック
脚本：クリスチャン・ジャック／アンリ・ジャンソン／ジャン・フェリー／アルベール・ヴァランタン
出演：マルティーヌ・キャロル／シャルル・ボワイエ／ノエル・ロックベール

第30周
『魔像』 1952年　松竹京都
監督：大曾根辰夫　原作：林不忘　脚本：鈴木兵吾
出演：阪東妻三郎／津島恵子／山田五十鈴／柳永二郎／三島雅夫／香川良介／小林重四郎
『楊貴妃』 1955年　大映東京
監督：溝口健二　製作：永田雅一／ランラン・ショウ　脚本：陶秦／川口松太郎／依田義賢／成澤昌茂

出演：京マチ子／森雅之／山村聰／小沢栄／山形勲／南田洋子／霧立のぼる
『芸者小夏』 1954年　東宝
監督：杉江敏男　原作：舟橋聖一　脚本：梅田晴夫
出演：岡田茉莉子／中北千枝子／北川町子／紫千鶴／杉村春子／沢村貞子／音羽久米子／池部良／森繁久彌
『安宅家の人々』 1952年　大映東京
監督：久松静児　原作：吉屋信子　脚本：水木洋子
出演：船越英二／田中絹代／三橋達也／乙羽信子／三條美紀／山村聰

第31周
『安宅家の人々』（第30周前出）
『鰯雲』 1958年　東宝
監督：成瀬巳喜男　原作：和田伝　脚本：橋本忍
出演：淡島千景／新珠三千代／水野久美／司葉子／木村功／小林桂樹／加東大介／中村鴈治郎（２代目）／太刀川洋一
『幸福の黄色いハンカチ』（第25周前出）
『現金に体を張れ』（第20周前出）
『翼よ！あれが巴里の灯だ』 1957年　アメリカ
監督：ビリー・ワイルダー　原作：チャールズ・A・リンドバーグ
脚本：ビリー・ワイルダー／ウェンデル・メイズ
出演：ジェームズ・スチュアート／バートレット・ロビンソン／マーク・コネリー／マーレイ・ハミルトン／パトリシア・スミス

第32周
『翼よ！あれが巴里の灯だ』（第31周前出）
『巴里祭』 1932年　フランス
監督・脚本：ルネ・クレール
出演：アナベラ／ジョルジュ・リゴー／レイモン・コルディ
『卒業』 1967年　アメリカ
監督：マイク・ニコルズ　原作：チャールズ・ウェッブ
脚本：バック・ヘンリー／カルダー・ウイリンガム
出演：ダスティン・ホフマン／アン・バンクロフト／キャサリン・ロス
『オリエント急行殺人事件』 1974年　イギリス
監督：シドニー・ルメット　原作：アガサ・クリスティ　脚本：ポール・デーン
出演：アルバート・フィニー／イングリッド・バーグマン／ローレン・バコール／リチャード・ウィドマーク／ショーン・コネリー／アンソニー・パーキンス／ジャクリーン・ビセット／ヴァネッサ・レッドグレイヴ／ジョン・ギールグッド

第33周
『007／危機一発』（**『007／ロシアより愛をこめて』**） 1963年　イギリス

監督：テレンス・ヤング　原作：イアン・フレミング　脚本：リチャード・メイボーム
出演：ショーン・コネリー／ダニエラ・ビアンキ／ロバート・ショー／ロッテ・レーニャ／ペドロ・アルメンダリス／バーナード・ショー／デズモンド・リュウェリン
『バルカン超特急』 1938年　イギリス
監督：アルフレッド・ヒッチコック　脚本：シドニー・ギリアット／フランク・ローンダー
出演：マーガレット・ロックウッド／マイケル・レッドグレイヴ／ポール・ルーカス
『オリエント急行殺人事件』（第32周前出）
『腰抜けアフリカ博士』 1963年　アメリカ・イギリス
監督：ゴードン・ダグラス　脚本：ネイト・モナスター／ジョアンナ・ハーウッド
出演：ボブ・ホープ／アニタ・エクバーグ／イーディー・アダムス／ライオネル・ジェフリーズ／アーノルド・パーマー
『熱砂の舞』 1956年　アメリカ
監督：テレンス・ヤング　原作：A・J・ベヴァン　脚本：リチャード・メイボーム
出演：ヴィクター・マチュア／マイケル・ワイルディング／アニタ・エクバーグ／フィンレイ・カリー／エディ・バーン／バーナード・マイルス
「アントニオ博士の誘惑」（オムニバス映画『ボッカチオ'70』の一篇） 1962年　イタリア・フランス
監督：フェデリコ・フェリーニ
脚本：フェデリコ・フェリーニ／エンニオ・フライアーノ／ゴッフレード・パリーゼ／トゥリオ・ピネッリ／ブルネロ・ロンディ
出演：ペッピノ・デ・フィリポ／アニタ・エクバーグ／ロミー・シュナイダー／ソフィア・ローレン
『甘い生活』 1960年　イタリア・フランス
監督：フェデリコ・フェリーニ　脚本：フェデリコ・フェリーニ／エンニオ・フライアーノ／トゥリオ・ピネッリ／ブルネロ・ロンディ
出演：マルチェロ・マストロヤンニ／アニタ・エクバーグ／アヌーク・エーメ

第34周
『愛の泉』 1954年　アメリカ
監督：ジーン・ネグレスコ　原作：ジョン・H・セコンダリー　脚本：ジョン・パトリック
出演：クリフトン・ウェッブ／ドロシー・マクガイア／ジーン・ピータース／マギー・マクナマラ
『ローマの休日』 1953年　アメリカ
監督：ウィリアム・ワイラー　原案：ダルトン・トランボ　脚本：ダルトン・トランボ／ジョン・ダイトン／イアン・マクラレン・ハンター
出演：オードリー・ヘプバーン／グレゴリー・ペック／エディ・アルバート
『甘い生活』（第33周前出）
『インテルビスタ』 1987年　イタリア
監督：フェデリコ・フェリーニ　脚本：フェデリコ・フェリーニ／ジャンフランコ・アンジェルッチ

出演：フェデリコ・フェリーニ／アニタ・エクバーグ／マルチェロ・マストロヤンニ／セルジオ・ルビーニ

第35周
『ローマの休日』（第34周前出）
『イノセント』 1975年　イタリア
監督：ルキノ・ヴィスコンティ　脚本：スーゾ・チェッキ・ダミーコ
出演：ジャンカルロ・ジャンニーニ／ラウラ・アントネッリ／ジェニファー・オニール
『ここに泉あり』（第28周）
『男はつらいよ 寅次郎夕焼け小焼け』（シリーズ第17作） 1976年　松竹
監督：山田洋次　脚本：山田洋次／朝間義隆
出演：渥美清／倍賞千恵子／太地喜和子／宇野重吉／下條正巳／三崎千恵子／太宰久雄／前田吟／笠智衆／寺尾聰／岡田嘉子／大滝秀治／佐藤蛾次郎

第36周
『男はつらいよ 寅次郎夕焼け小焼け』（第35周前出）
『男はつらいよ』（シリーズ第1作） 1969年　松竹
監督：山田洋次　脚本：山田洋次／森崎東
出演：渥美清／倍賞千恵子／光本幸子／志村喬／森川信／三崎千恵子／太宰久雄／前田吟／笠智衆／津坂匡章（秋野太作）／関敬六／広川太一郎／佐藤蛾次郎
『石中先生行状記』 1950年　新東宝＝藤本プロ
監督：成瀬巳喜男　原作：石坂洋次郎　脚本：八木隆一郎
出演：宮田重雄／渡辺篤／堀雄二／進藤英太郎／池部良／三船敏郎／若山セツ子
『大願成就』 1959年　松竹大船
監督：生駒千里　原作：源氏鶏太
出演：高橋貞二／佐田啓二／桑野みゆき／石濱朗／小川虎之助／多々良純／佐々木孝丸
『投資令嬢』 1961年　大映東京
監督：枝川弘　脚本：舟橋和郎
出演：叶順子／野添ひとみ／宮川和子／松村達雄／町田博子／坂下登／大瀬康一／東野英治郎／六本木真／森矢雄二／根上淳／渥美清
『東京兄妹』 1995年　ライトヴィジョン作品
監督：市川準　脚本：藤田昌裕／鈴木秀幸／猪股敏郎
出演：緒形直人／粟田麗／手塚とおる／広岡由里子／小池幸次／角替和枝／白川和子
『愛妻記』 1959年　東京映画
監督：久松静児　原作：尾崎一雄　脚本：長瀬喜伴
出演：フランキー堺／司葉子／藤木悠／白川由美／三島耕／乙羽信子／小西瑠美
『黒い画集 あるサラリーマンの証言』 1960年　東宝
監督：堀川弘通　原作：松本清張　脚本：橋本忍
出演：小林桂樹／原知佐子／江原達怡／中北千枝子／平田昭彦／西村晃／織田政雄／小池朝雄

第37周
『黒い画集 あるサラリーマンの証言』（第36周前出）
『パンと恋と夢』 1953年 イタリア
監督：ルイジ・コメンチーニ
脚本：ルイジ・コメンチーニ／エットーレ・マリア・マルガドンナ／ヴィットリオ・デ・シーカ
出演：ヴィットリオ・デ・シーカ／ジーナ・ロロブリジーダ／ロベルト・リッソ／マリサ・メルリニ
『女性に関する十二章』 1954年 東宝
監督：市川崑 原作：伊藤整 脚本：和田夏十
出演：津島恵子／小泉博／上原謙／有馬稲子／久慈あさみ
『平原児』 1936年 アメリカ
監督：セシル・B・デミル 原作：コートニー・ライリー・クーパー／フランク・J・ウィルスタック
脚本：ウォルデマー・ヤング／ハロルド・ラム／リン・リグス
出演：ゲイリー・クーパー／ジーン・アーサー／ジェームズ・エリスン／チャールス・ビックフォード／ヘレン・バージェス／ポーター・ホール／ポール・ハーヴェイ
『限りなき追跡』 1953年 アメリカ
監督：ラオール・ウォルシュ 脚本：アーヴィング・ウォレス／ロイ・ハギンズ
出演：ロック・ハドソン／ドナ・リード／フィリップ・ケリー／リー・マーヴィン／ネヴィル・ブランド
『天国と地獄』（第22周前出）
『逢びき』（第21周前出）
『情婦』 1957年 アメリカ
監督：ビリー・ワイルダー 原作：アガサ・クリスティ 脚本：ビリー・ワイルダー／ハリー・カーニッツ
出演：タイロン・パワー／マレーネ・ディートリッヒ／チャールズ・ロートン

第38周
『天国と地獄』（第22周前出）
『海街diary』 2015年 配給：東宝＝ギャガ
監督・脚本：是枝裕和 原作：吉田秋生
出演：綾瀬はるか／長澤まさみ／夏帆／広瀬すず／加瀬亮／鈴木亮平／池田貴史／坂口健太郎／前田旺志郎／キムラ緑子／樹木希林／リリー・フランキー／風吹ジュン／堤真一／大竹しのぶ
『喜劇 各駅停車』 1965年 東京映画
監督：井上和男 原作：清水寥人 脚本：松山善三
出演：森繁久彌／森光子／三木のり平／岡田茉莉子／南利明／山茶花究
『僕達急行 A列車で行こう』 2012年 配給：東映
監督・脚本：森田芳光

出演：松山ケンイチ／瑛太／貫地谷しほり／ピエール瀧／松坂慶子／笹野高史／西岡徳馬／伊武雅刀／村川絵梨／星野知子／伊東ゆかり

第39周
『僕達急行 A列車で行こう』（第38周前出）
『目撃者』 1957年　フランス
監督：イヴ・アレグレ　原作：ジェームズ・ハドリイ・チェイス　脚本：ルネ・ウェレル
出演：ロベール・オッセン／ジェラール・ウーリー／ジャン・ガヴァン／ローラン・ルザッフル／アントネラ・ルアルディ
『麦秋』 1951年　松竹大船
監督：小津安二郎　脚本：野田高梧／小津安二郎
出演：原節子／笠智衆／淡島千景／三宅邦子／東山千栄子／杉村春子／二本柳寛

第40周
『麦秋』（第39周前出）
『濹東綺譚』 1960年　東京映画
監督：豊田四郎　原作：永井荷風　脚本：八住利雄
出演：山本富士子／芥川比呂志／新珠三千代／乙羽信子／織田政雄／淡路恵子／東野英治郎
『二人だけの橋』 1958年　東宝
監督：丸山誠治　原作：早乙女勝元　脚本：丸山誠治／楠田芳子
出演：久保明／水野久美／加東大介／三井弘次／千秋実
『明日をつくる少女』 1958年　松竹大船
監督：井上和男　原作：早乙女勝元　脚本：馬場当／山田洋次
出演：桑野みゆき／清川虹子／藤木満寿夫／中川明／山本豊三／坂本武／水木涼子

第41周
『下町の太陽』（第15周前出）
『二人だけの橋』（第40周前出）
『涙』 1956年　松竹大船
監督：川頭義郎　脚本：楠田芳子
出演：若尾文子／佐田啓二／石濱朗／末永功／田村高廣／夏川静江／東野英治郎／明石潮／村上記代／本橋和子／山根七郎治
『キューポラのある街』（第15周前出）
『本日休診』 1952年　松竹大船
監督：澁谷實　原作：井伏鱒二　脚本：斎藤良輔
出演：三國連太郎／岸惠子／淡島千景／鶴田浩二／長岡輝子／柳永二郎

第42周
『本日休診』（第41周前出）

『鉄道運転士の花束』 2016年　セルビア・クロアチア
監督・脚本：ミロシュ・ラドヴィッチ
出演：ラザル・リストフスキー／ペータル・コラッチ／ミリャナ・カラノヴィッチ／ヤスナ・デュリチッチ／ムラデン・ネレヴィッチ／ニーナ・ヤンコヴィッチ／ダニカ・リストフスキー
『ハロルドとモード 少年は虹を渡る』（第18周前出）
『ジャイアンツ』 1956年　アメリカ
監督：ジョージ・スティーヴンス　原作：エドナ・ファーバー　脚本：フレッド・ジュイオル／アイヴァン・モファト
出演：エリザベス・テイラー／ロック・ハドソン／ジェームズ・ディーン／デニス・ホッパー
『麦秋』（第39周前出）

第43周
『ジャイアンツ』（第42周前出）
『現金（げんなま）に手を出すな』 1954年　フランス・イタリア
監督：ジャック・ベッケル　原作：アルベール・シモナン
脚本：ジャック・ベッケル／アルベール・シモナン／モーリス・グリフ
出演：ジャン・ギャバン／ルネ・ダリー／ジャンヌ・モロー／リノ・ヴァンチュラ
『ビリー・ザ・キッド 21才の生涯』 1973年　アメリカ
監督：サム・ペキンパー　脚本：ルディ・ワーリッツァー
出演：ボブ・ディラン／ジェームズ・コバーン／クリス・クリストファーソン／チル・ウィルス／リチャード・ジェッケル
『かくも長き不在』 1960年　フランス
監督：アンリ・コルピ　脚本：マルグリット・デュラス／ジェラール・ジャルロ
出演：アリダ・ヴァリ／ジョルジュ・ウィルソン／ジャック・アルダン

第44周
『かくも長き不在』（第43周前出）
『虹をつかむ男』 1996年　松竹
監督・原作：山田洋次　脚本：山田洋次／朝間義隆
出演：西田敏行／吉岡秀隆／田中裕子／倍賞千恵子／前田吟／永瀬正敏／田中邦衛／すまけい／柄本明／下條正巳／三崎千恵子
『遙かなる山の呼び声』 1980年　松竹
監督・原作：山田洋次　脚本：山田洋次／朝間義隆
出演：倍賞千恵子／高倉健／ハナ肇／武田鉄矢／鈴木瑞穂／大竹恵／吉岡秀隆／神母英郎／粟津號／杉山とく子／畑正憲／渥美清

第45周
『遙かなる山の呼び声』（第44周前出）
『張込み』 1958年　松竹大船
監督：野村芳太郎　原作：松本清張　脚本：橋本忍

出演：高峰秀子／田村高廣／大木実／高千穂ひづる／宮口精二／内田良平
『挽歌』 1957年　歌舞伎座映画
監督：五所平之助　原作：原田康子　脚本：八住利雄／由起しげ子
出演：久我美子／斎藤達雄／高崎敦生／浦辺粂子／森雅之／高峰三枝子／中里悦子／加賀ちか子／渡辺文雄／石濱朗／中村是好／武藤れい子

第46周
『挽歌』（第45周前出）
『永い言い訳』 2016年　配給：アスミック・エース
監督・原作・脚本：西川美和
出演：本木雅弘／竹原ピストル／藤田健心／白鳥玉季／堀内敬子／池松壮亮／黒木華／山田真歩／松岡依都美／岩井秀人／康すおん／戸次重幸／淵上泰史／ジジ・ぶぅ／小林勝也／深津絵里
『ジョンとメリー』 1969年　アメリカ
監督：ピーター・イエーツ　脚本：ジョン・モーティマー
出演：ダスティン・ホフマン／ミア・ファロー／マイケル・トーラン／サニー・グリフィン／スタンリー・ベック
『細雪』 1983年　東宝映画
監督：市川崑　原作：谷崎潤一郎　脚本：市川崑／日高真也
出演：佐久間良子／吉永小百合／岸惠子／古手川祐子／石坂浩二／伊丹十三／辻萬長
『若草物語』 1933年　アメリカ
監督：ジョージ・キューカー　原作：ルイザ・メイ・オルコット
脚本：サラ・Y・メイソン／ヴィクター・ヒアマン
出演：キャサリン・ヘプバーン／ジョーン・ベネット／ポール・ルーカス／エドナ・メイ・オリヴァー／ジーン・パーカー／フランシス・ディー／ダグラス・モンゴメリー
『若草物語』 1949年　アメリカ
監督：マーヴィン・ルロイ　原作：ルイザ・メイ・オルコット
脚本：ヴィクター・ヒアマン／サラ・Y・メイソン／アンドリュー・ソルト
出演：ジューン・アリソン／マーガレット・オブライエン／エリザベス・テイラー／ジャネット・リー／ピーター・ローフォード／ロッサノ・ブラッツィ／メアリー・アスター
『若草物語』 1994年　アメリカ
監督：ジリアン・アームストロング　原作：ルイザ・メイ・オルコット
脚本：ロビン・スウィコード
出演：ウィノナ・ライダー／ガブリエル・バーン／トリニ・アルバラード／サマンサ・マシス／キルスティン・ダンスト／クレア・デインズ／クリスチャン・ベイル／エリック・ストルツ／スーザン・サランドン
『ストーリー・オブ・マイライフ わたしの若草物語』 2019年　アメリカ
監督：グレタ・ガーウィグ　原作：ルイザ・メイ・オルコット
出演：フローレンス・ピュー／エマ・ワトソン／ティモシー・シャラメ／シアーシャ・ローナン／メリル・ストリープ／ローラ・ダーン

第47周
『ストーリー・オブ・マイライフ わたしの若草物語』（第46周前出）
『ミス・ポター』 2006年 イギリス・アメリカ
監督：クリス・ヌーナン 脚本：リチャード・モルトビー・Jr.
出演：レニー・ゼルウィガー／ユアン・マクレガー／エミリー・ワトソン／バーバラ・フリン／ビル・パターソン
『リンドグレーン』 2018年 スウェーデン・デンマーク
監督：ペアニル・フィシャー・クリステンセン
脚本：ペアニル・フィシャー・クリステンセン／キム・フップス・オーカソン／エリック・モルベア・ハンセン
出演：アルバ・アウグスト／マリア・ボネヴィー／マグヌス・クレッペル／ヘンリク・ラファエルソン／トリーヌ・ディアホム
『賢者の贈り物』（第12周前出）
『ローマの休日』（第34周前出）

第48周
『ローマの休日』（第34周前出）
『尼僧物語』 1959年 アメリカ
監督：フレッド・ジンネマン 原作：キャスリン・ヒューム 脚本：ロバート・アンダーソン
出演：オードリー・ヘプバーン／ピーター・フィンチ／ディーン・ジャガー
『二十四時間の情事』 1959年 フランス・日本
監督：アラン・レネ 原作・脚本：マルグリット・デュラス
出演：エマニュエル・リヴァ／岡田英次
『五人の札つき娘』 1960年 アメリカ
監督：マーティン・リット 原作：ウーゴ・ピッロ
脚本：イーヴォ・ペリッリ
出演：シルヴァーナ・マンガーノ／ジャンヌ・モロー／ヴェラ・マイルズ／バーバラ・ベル・ゲデス／カルラ・グラヴィーナ／ヴァン・ヘフリン
『パンドラの箱』 1929年 ドイツ
監督：G・W・パプスト 原作：フランク・ヴェーデキント
脚本：ラディスラウス・ヴァホダ
出演：ルイーズ・ブルックス／フリッツ・コルトナー／フランツ・レデラー／グスタフ・ディーズル
『聖女ジャンヌ・ダーク』 1957年 アメリカ・イギリス 日本未公開
監督：オットー・プレミンジャー 原作：ジョージ・バーナード・ショー
脚本：グレアム・グリーン
出演：ジーン・セバーグ／リチャード・ウィドマーク／リチャード・トッド／アントン・ウォルブルック／ジョン・ギールグッド
『悲しみよこんにちは』 1958年 アメリカ・イギリス

監督：オットー・プレミンジャー　原作：フランソワーズ・サガン
脚本：アーサー・ローレンツ
出演：ジーン・セバーグ／デヴィッド・ニーヴン／デボラ・カー／ミレーヌ・ドモンジョ

第49周
『おかあさん』（第10周前出）
『細雪』（第46周前出）
『家庭日記』　1938年　松竹大船
監督：清水宏　原作：吉屋信子　脚本：池田忠雄
出演：佐分利信／高杉早苗／上原謙／桑野通子／三宅邦子／三浦光子／大山健二／藤野秀夫／吉川満子／水島亮太郎／坂本武
『女の歴史』　1963年　東宝
監督：成瀬巳喜男　脚本：笠原良三
出演：高峰秀子／仲代達矢／宝田明／山﨑努／星由里子／草笛光子／淡路恵子

第50周
『女の歴史』（第49周前出）
『ひき逃げ』　1966年　東宝
監督：成瀬巳喜男　脚本：松山善三
出演：小沢栄太郎／司葉子／平田郁人／小川安三／高峰秀子／小宮康弘／黒沢年雄
『乱れ雲』　1967年　東宝
監督：成瀬巳喜男　脚本：山田信夫
出演：司葉子／加山雄三／森光子／浜美枝／草笛光子／加東大介／土屋嘉男
『心のともしび』　1954年　アメリカ
監督：ダグラス・サーク　原作：ロイド・C・ダグラス　脚本：ロバート・ブリーズ／サラ・Y・メイソン／ヴィクター・ヒアマン
出演：ジェーン・ワイマン／ロック・ハドソン／バーバラ・ラッシュ／アグネス・ムーアヘッド／オットー・クルーガー
『ジョニー・ベリンダ』　1948年　アメリカ
監督：ジーン・ネグレスコ　脚本：イルムガード・フォン・クーベ／アレン・ヴィンセント
出演：ジェーン・ワイマン／リュー・エアーズ／チャールズ・ビックフォード／アグネス・ムーアヘッド
『街の灯』　1931年　アメリカ
監督・脚本：チャールズ・チャップリン
出演：チャールズ・チャップリン／ヴァージニア・チェリル／フローレンス・リー／ハリー・マイヤーズ／アラン・ガルシア
『縛り首の木』　1959年　アメリカ
監督：デルマー・デイヴィス　原作：ドロシー・M・ジョンソン
脚本：ウェンデル・メイズ／ハルステッド・ウェルズ
出演：ゲイリー・クーパー／マリア・シェル／カール・マルデン／ベン・ピアッツァ／ジョ

ージ・C・スコット
『決闘コマンチ砦』 1962年　アメリカ
監督・脚本：バッド・ベティカー　原作：バート・ケネディ
出演：ランドルフ・スコット／スキップ・ホメイヤー／ナンシー・ゲイツ／クロード・エイキンス／リチャース・ラスト

第51周
『決闘コマンチ砦』（第50周前出）
『捜索者』 1956年　アメリカ
監督：ジョン・フォード　脚本：フランク・S・ニュージェント
出演：ジョン・ウェイン／ジェフリー・ハンター／ナタリー・ウッド／ウォード・ボンド／ヴェラ・マイルズ
『地獄の黙示録』 1979年　アメリカ
監督：フランシス・フォード・コッポラ　原作：ジョゼフ・コンラッド
脚本：ジョン・ミリアス／フランシス・フォード・コッポラ／マイケル・ハー
出演：マーロン・ブランド／ロバート・デュヴァル／マーティン・シーン／フレデリック・フォレスト／サム・ボトムズ／ローレンス・フィッシュバーン／アルバート・ホール／ハリソン・フォード／デニス・ホッパー
『ディア・ハンター』 1978年　アメリカ
監督：マイケル・チミノ　脚本：デリック・ウォッシュバーン
出演：ロバート・デ・ニーロ／クリストファー・ウォーケン／ジョン・サヴェージ／ジョン・カザール／メリル・ストリープ／ジョージ・ズンザ
『殺人幻想曲』 1948年　アメリカ
監督・脚本：プレストン・スタージェス
出演：レックス・ハリソン／リンダ・ダーネル／バーバラ・ローレンス／ルディ・ヴァリー／カート・クルーガー／ライオネル・スタンダー
『夏の夜は三たび微笑む』 1955年　スウェーデン
監督・脚本：イングマル・ベルイマン
出演：グンナール・ビョルンストランド／ウラ・ヤコブソン／エヴァ・ダールベック
『スパイ・レジェンド』 2014年　アメリカ
監督：ロジャー・ドナルドソン　脚本：マイケル・フィンチ／カール・ガイダシェク
出演：ピアース・ブロスナン／ルーク・ブレイシー／オルガ・キュリレンコ／イライザ・テイラー／ウィル・パットン／アミラ・テルツィメヒッチ
『007／危機一発』（『007／ロシアより愛をこめて』）（第33周前出）
『ニキータ』 1990年　フランス・イタリア
監督・脚本：リュック・ベッソン
出演：アンヌ・パリロー／ジャン＝ユーグ・アングラード／チェッキー・カリョ／ジャンヌ・モロー／ジャン・レノ

第52周
『スティング』 1973年　アメリカ
監督：ジョージ・ロイ・ヒル　脚本：デヴィッド・S・ウォード
出演：ポール・ニューマン／ロバート・レッドフォード／ロバート・ショー／チャールズ・ダーニング／ハロルド・グールド
『リトル・ロマンス』 1979年　アメリカ
監督：ジョージ・ロイ・ヒル　原作：パトリック・コーヴァン
脚本：アラン・バーンズ
出演：セロニアス・ベルナルド／ダイアン・レイン／ローレンス・オリヴィエ／アーサー・ヒル／ブロードリック・クロフォード
『明日に向って撃て！』 1969年　アメリカ
監督：ジョージ・ロイ・ヒル　脚本：ウィリアム・ゴールドマン
出演：ポール・ニューマン／ロバート・レッドフォード／キャサリン・ロス／ストローザー・マーティン／ジェフ・コーリー
『脱出』 1944年　アメリカ
監督：ハワード・ホークス　原作：アーネスト・ヘミングウェイ
脚本：ジュールス・ファースマン／ウィリアム・フォークナー／クリーヴ・F・アダムズ／ホイットマン・チャンバーズ
出演：ハンフリー・ボガート／ローレン・バコール／ウォルター・ブレナン／ホーギー・カーマイケル／ドロレス・モラン
『勇気ある追跡』 1969年　アメリカ
監督：ヘンリー・ハサウェイ　原作：チャールズ・ポーティス
脚本：マーガリット・ロバーツ
出演：ジョン・ウェイン／グレン・キャンベル／キム・ダービー／ジェフ・コーリー／ロバート・デュヴァル／デニス・ホッパー
『ハッスル』 1975年　アメリカ
監督：ロバート・アルドリッチ　脚本：スティーヴ・シェイガン
出演：バート・レイノルズ／カトリーヌ・ドヌーヴ／ベン・ジョンソン／ポール・ウィンフィールド／アイリーン・ブレナン／エディ・アルバート／アーネスト・ボーグナイン
『特急二十世紀』 1934年　アメリカ
監督：ハワード・ホークス　原作：チャールズ・ブルース・ミルホランド
脚本：ベン・ヘクト／チャールズ・マッカーサー
出演：ジョン・バリモア／キャロル・ロンバード／ウォルター・コノリー／ロスコー・カーンズ／ラルフ・フォーブス

第53周
『リトル・ロマンス』（第52周前出）
『ハンナ・アーレント』 2012年　ドイツ・ルクセンブルク・フランス
監督：マルガレーテ・フォン・トロッタ　脚本：パム・カッツ／マルガレーテ・フォン・トロッタ

出演：バルバラ・スコヴァ／アクセル・ミルベルク／ジャネット・マクティア／ユリア・イェンチ／ウルリッヒ・ヌーテン／ニコラス・ウッドソン／クラウス・ポール
『ホテル・ニューハンプシャー』 1984年　イギリス・カナダ・アメリカ
監督・脚本：トニー・リチャードソン　原作：ジョン・アーヴィング
出演：ジョディ・フォスター／ロブ・ロウ／ポール・マクレーン／ボー・ブリッジス／ウィルフォード・ブリムリー／ナスターシャ・キンスキー
『マンハッタン』 1979年　アメリカ
監督：ウディ・アレン　脚本：ウディ・アレン／マーシャル・ブリックマン
出演：ウディ・アレン／ダイアン・キートン／マイケル・マーフィー／マリエル・ヘミングウェイ／メリル・ストリープ
『俺たちは天使じゃない』 1955年　アメリカ
監督：マイケル・カーティス　原作：アルベール・ユッソン
脚本：ラナルド・マクドゥガル
出演：ハンフリー・ボガート／ピーター・ユスティノフ／アルド・レイ／レオ・G・キャロル／ジョーン・ベネット
『ラストタンゴ・イン・パリ』 1972年　イタリア・フランス
監督：ベルナルド・ベルトルッチ
脚本：ベルナルド・ベルトルッチ／フランコ・アルカッリ／アニエス・ヴァルダ（仏語セリフ）
出演：マーロン・ブランド／マリア・シュナイダー／ジャン＝ピエール・レオ／マッシモ・ジロッティ／カトリーヌ・アレグレ
『ロング・グッドバイ』 1973年　アメリカ
監督：ロバート・アルトマン　原作：レイモンド・チャンドラー　脚本：リイ・ブラケット
出演：エリオット・グールド／ニーナ・ヴァン・パラント／スターリング・ヘイドン／マーク・ライデル／ヘンリー・ギブソン／デヴィッド・キャラダイン／アーノルド・シュワルツェネッガー
『おもいでの夏』 1971年　アメリカ
監督：ロバート・マリガン　原作・脚本：ハーマン・ローチャー
出演：ジェニファー・オニール／ゲイリー・グライムス／ジェリー・ハウザー／オリヴァー・コナント／キャサリン・アレンタック／クリストファー・ノリス／ルー・フリッゼル

第54周
『幻の馬』 1955年　大映東京
監督：島耕二　脚本：島耕二／長谷川公之
出演：若尾文子／北原義郎／岩垂幸彦／見明凡太朗
『野良犬』 1949年　映画芸術協会＝新東宝
監督：黒澤明　脚本：黒澤明／菊島隆三
出演：三船敏郎／志村喬／淡路恵子／木村功／千石規子／三好栄子／河村黎吉／千秋実
『マダムと女房』 1931年　松竹蒲田
監督：五所平之助　脚本：北村小松
出演：渡辺篤／田中絹代／市村美津子

『明日をつくる少女』（第40周前出）
『涙』（第41周前出）

第55周
『涙』（第54周前出）
『花咲く港』 1943年　松竹大船
監督：木下惠介　脚本：津路嘉郎
出演：小沢栄太郎／上原謙／水戸光子／笠智衆／東野英治郎
『はじまりのみち』 2013年　配給：松竹
監督・脚本：原恵一
出演：加瀬亮／田中裕子／濱田岳／ユースケ・サンタマリア／斉木しげる／光石研／濱田マリ／山下リオ／藤村聖子／松岡茉優／相楽樹／大杉漣
『砂の器』 1974年　松竹＝橋本プロダクション
監督：野村芳太郎　原作：松本清張
脚本：橋本忍／山田洋次
出演：丹波哲郎／森田健作／加藤剛／島田陽子／緒形拳／佐分利信／山口果林／加藤嘉／渥美清／笠智衆
『夜の河』 1956年　大映京都
監督：吉村公三郎　原作：沢野久雄
脚本：田中澄江
出演：山本富士子／上原謙／小野道子／東野英治郎／阿井美千子／川崎敬三／市川和子
『幸福の黄色いハンカチ』（第25周前出）

第56周
『幸福の黄色いハンカチ』（第25周前出）
『マイ・バック・ページ』 2011年　配給：アスミック・エース
監督：山下敦弘　原作：川本三郎　脚本：向井康介
出演：妻夫木聡／松山ケンイチ／忽那汐里／石橋杏奈／中村蒼／韓英恵／長塚圭史／山内圭哉／古舘寛治／あがた森魚／三浦友和
『目撃者』（第39周前出）
『暗黒街の顔役』 1932年　アメリカ
監督：ハワード・ホークス　原作：アーミテージ・トレイル　脚本：ベン・ヘクト
出演：ポール・ムニ／アン・ドヴォラク／カレン・モーリィ／ジョージ・ラフト
『望郷』 1937年　フランス
監督：ジュリアン・デュヴィヴィエ　脚本：アンリ・ラ・バルト／ジュリアン・デュヴィヴィエ／ジャック・コンスタン／アンリ・ジャンソン　原作：ロジェ・ダシェルベ
出演：ジャン・ギャバン／ミレーユ・バラン／リーヌ・ノロ
『殺られる』 1959年　フランス
監督：エドゥアール・モリナロ　原作：G・モリス・デュムラン
脚本：G・モリス・デュムラン／アルベール・シモナン

出演：ロベール・オッセン／フィリップ・クレイ／エステラ・ブラン／マガリ・ノエル
『狼は天使の匂い』 1972年　アメリカ・フランス
監督：ルネ・クレマン　原作：デヴィッド・グッディス　脚本：セバスチャン・ジャプリゾ
出演：ロバート・ライアン／ジャン＝ルイ・トランティニャン／レア・マッサリ／アルド・レイ

第57周
『狼は天使の匂い』（第56周前出）
『目撃者』（第39周前出）
『さらば友よ』 1968年　フランス
監督：ジャン・エルマン　原作：セバスチャン・ジャプリゾ　脚本：ジャン・エルマン／セバスチャン・ジャプリゾ
出演：アラン・ドロン／チャールズ・ブロンソン／ブリジット・フォッセー／オルガ・ジョルジュ＝ピコ
『雨の訪問者』 1970年　フランス
監督：ルネ・クレマン　脚本：セバスチャン・ジャプリゾ
出演：チャールズ・ブロンソン／マルレーヌ・ジョベール／ジル・アイアランド
『銀河』 1968年　フランス・イタリア
監督：ルイス・ブニュエル　脚本：ルイス・ブニュエル／ジャン＝クロード・カリエール
出演：ポール・フランクール／ローラン・テルジェフ／アラン・キュニー／デルフィーヌ・セイリグ／ピエール・クレマンティ／エディット・スコブ／クロード・セルヴァル／ベルナール・ヴェルレー／エレン・バール
『自由の幻想』 1974年　フランス・イタリア
監督：ルイス・ブニュエル　脚本：ルイス・ブニュエル／ジャン＝クロード・カリエール
出演：ジャン＝クロード・ブリアリ／モニカ・ヴィッティ／ミシェル・ピコリ／ジャン・ロシュフォール／パスカル・オードレ／ポール・フランクール／エレン・バール
『組織』（第20周前出）
『プロフェッショナル』 1966年　アメリカ
監督・脚本：リチャード・ブルックス
出演：バート・ランカスター／リー・マーヴィン／ロバート・ライアン／ウディ・ストロード／ジャック・パランス

第58周
『狼は天使の匂い』（第56周前出）
『ラ・スクムーン』 1972年　フランス
監督・脚本：ジョゼ・ジョヴァンニ
出演：ジャン＝ポール・ベルモンド／クラウディア・カルディナーレ／ミシェル・コンスタンタン／ジェラール・ドパルデュー
『エプソムの紳士』 1962年　フランス
監督：ジル・グランジェ　脚本：アルベール・シモナン／ミシェル・オーディアール／ジル・

グランジェ
出演：ジャン・ギャバン／ルイ・ド・フュネス／マドレーヌ・ロバンソン
『アスファルト・ジャングル』 1950年　アメリカ
監督：ジョン・ヒューストン　原作：W・R・バーネット　脚本：ジョン・ヒューストン／ベン・メドウ
出演：サム・ジャフェ／スターリング・ヘイドン／ルイス・カルハーン／マリリン・モンロー
『現金に体を張れ』（第20周前出）
『地下室のメロディー』 1963年　フランス
監督：アンリ・ヴェルヌイユ　脚本：アルベール・シモナン／ミシェル・オーディアール／アンリ・ヴェルヌイユ
出演：ジャン・ギャバン／アラン・ドロン／ヴィヴィアンヌ・ロマンス／モーリス・ビロー／ジャン・カルメ
『荒馬と女』 1961年　アメリカ
監督：ジョン・ヒューストン　原作・脚本：アーサー・ミラー
出演：クラーク・ゲーブル／マリリン・モンロー／モンゴメリー・クリフト／イーライ・ウォラック／セルマ・リッター
『新・ガンヒルの決斗』 1971年　アメリカ
監督：ヘンリー・ハサウェイ　原作：ウィリアム・ジェームズ
脚本：マーゲリット・ロバーツ
出演：グレゴリー・ペック／パット・クイン／ロバート・F・ライオンズ／スーザン・ティレル／ジェフ・コーリー／ジェームズ・グレゴリー／リタ・ガム／ドーン・リン
『ペーパー・ムーン』（第1周前出）

第59周
『荒馬と女』（第58周前出）
『ロング・グッドバイ』（第53周前出）
『シェイマス』 1973年　アメリカ
監督：バズ・キューリック　脚本：バリー・ベッカーマン
出演：バート・レイノルズ／ダイアン・キャノン／ラリー・ブロック
『三十九夜』 1935年　イギリス
監督：アルフレッド・ヒッチコック　原作：ジョン・バカン　脚本：チャールズ・ベネット／イアン・ヘイ
出演：ロバート・ドーナット／ルーシー・マンハイム／マデリーン・キャロル／ペギー・アシュクロフト／マイルズ・メイルソン
『レインマン』 1988年　アメリカ
監督：バリー・レヴィンソン　脚本：ロナルド・バス／バリー・モロー
出演：ダスティン・ホフマン／トム・クルーズ／ヴァレリア・ゴリノ／ジェリー・モレン／ジャック・マードック
『三十九階段』 1959年　イギリス
監督：ラルフ・トーマス　原作：ジョン・バカン　脚本：フランク・ハーヴェイ

出演：ケネス・モア／タイナ・エルグ／ブレンダ・デ・バンジー／バリー・ジョーンズ／レジナルド・ベックウィズ／ウィリー・ワトソン
『第三の男』 1949年　イギリス
監督：キャロル・リード　原作：グレアム・グリーン
脚本：キャロル・リード／グレアム・グリーン／マビー・プール
出演：ジョゼフ・コットン／オーソン・ウェルズ／アリダ・ヴァリ／トレヴァー・ハワード／バーナード・リー／ウィルフリッド・ハイド＝ホワイト

第60周
『三十九夜』（第59周前出）
『三十九階段』（第59周前出）
『第三の男』（第59周前出）
『文化果つるところ』 1951年　イギリス
監督：キャロル・リード　原作：ジョゼフ・コンラッド　脚本：ウィリアム・E・C・フェアチャイルド
出演：ラルフ・リチャードソン／トレヴァー・ハワード／ロバート・モーレイ／ウェンディ・ヒラー／ケリマ／ウィルフリッド・ハイド＝ホワイト
『マイ・フェア・レディ』 1964年　アメリカ
監督：ジョージ・キューカー　原作：ジョージ・バーナード・ショー　脚本：アラン・J・ラーナー
出演：レックス・ハリスン／オードリー・ヘプバーン／スタンリー・ホロウェイ／ウィルフリッド・ハイド＝ホワイト
『若き獅子たち』 1958年　アメリカ
監督：エドワード・ドミトリク　原作：アーウィン・ショー　脚本：エドワード・アンハルト
出演：マーロン・ブランド／モンゴメリー・クリフト／ホープ・ラング／ディーン・マーティン／バーバラ・ラッシュ／メイ・ブリット
『ガープの世界』 1982年　アメリカ
監督：ジョージ・ロイ・ヒル　原作：ジョン・アーヴィング　脚本：スティーヴ・テシック
出演：ロビン・ウィリアムズ／メアリー・ベス・ハート／グレン・クロウズ／ジョン・リスゴー／アマンダ・プラマー
『月は上りぬ』 1954年　日活
監督：田中絹代　脚本：斎藤良輔／小津安二郎
出演：笠智衆／佐野周二／山根寿子／杉葉子／北原三枝／安井昌二／増田順二

第61周
『月は上りぬ』（第60周前出）
『お嬢さん乾杯！』（第15周前出）

第62周
『お嬢さん乾杯！』（第15周前出）

『女であること』 1958年　東宝
監督：川島雄三　原作：川端康成　脚本：田中澄江／井手俊郎／川島雄三
出演：森雅之／原節子／久我美子／香川京子
『ティファニーで朝食を』（第８周前出）
『死の接吻』 1947年　アメリカ
監督：ヘンリー・ハサウェイ　原作：エリザー・リプスキー
出演：ヴィクター・マチュア／ブライアン・ドンレヴィ／コリーン・グレイ／リチャード・ウィドマーク／カール・マルデン

第63周
『ティファニーで朝食を』（第８周前出）
『死の接吻』（第62周前出）
『裸の町』 1948年　アメリカ
監督：ジュールス・ダッシン　撮影：ウィリアム・ダニエルズ
出演：バリー・フィッツジェラルド／ハワード・ダフ／ドロシー・ハート／ドン・テイラー
『十二人の怒れる男』 1957年　アメリカ
監督：シドニー・ルメット　原案・脚本：レジナルド・ローズ
出演：ヘンリー・フォンダ／リー・J・コッブ／エド・ベグリー／E・G・マーシャル／ジャック・ウォーデン／マーティン・バルサム／ジョン・フィードラー／ジャック・クラグマン／エドワード・ビンズ
『フレンチ・コネクション』 1971年　アメリカ
監督：ウィリアム・フリードキン　原作：ロビン・ムーア
出演：ジーン・ハックマン／フェルナンド・レイ／ロイ・シャイダー／トニー・ロー・ビアンコ

第64周
『十二人の怒れる男』（第63周前出）
『情婦』（第37周前出）
『12人の優しい日本人』 1991年　配給：アルゴプロジェクト
監督：中原俊　脚本：三谷幸喜／東京サンシャインボーイズ
出演：塩見三省／相島一之／上田耕一／二瓶鮫一／中村まり子／大河内浩／梶原善
『ニューオーリンズ・トライアル』 2003年　アメリカ
監督：ゲイリー・フレダー　原作：ジョン・グリシャム
出演：ジョン・キューザック／ジーン・ハックマン／ダスティン・ホフマン／レイチェル・ワイズ／ブルース・デイヴィソン
『異端の鳥』 2019年　チェコ・スロヴァキア・ウクライナ
監督・脚本：ヴァーツラフ・マルホウル　原作：イエジー・コジンスキー
出演：ペトル・コトラール／ウド・キア／レフ・ディブリク／イトゥカ・ツヴァンツァロヴァー／ステラン・スカルスガルド／ハーヴェイ・カイテル

第65周

『ニューオーリンズ・トライアル』（第64周前出）

『タクシードライバー』 1976年　アメリカ

監督：マーティン・スコセッシ　脚本：ポール・シュレイダー

出演：ロバート・デ・ニーロ／シビル・シェパード／ハーヴェイ・カイテル／ジョディ・フォスター／アルバート・ブルックス

『フレンチ・コネクション』（第63周前出）

『ある戦慄』 1967年　アメリカ

監督：ラリー・ピアーズ　脚本：ニコラス・E・ベア

出演：トニー・ムサンテ／マーティン・シーン／ボー・ブリッジス

『哀しみの街かど』 1971年　アメリカ

監督：ジェリー・シャッツバーグ　原作：ジェームズ・ミルズ

出演：アル・パチーノ／キティ・ウィン／アラン・ヴィント

『ハリーとトント』 1974年　アメリカ

監督・脚本：ポール・マザースキー

出演：アート・カーニー／エレン・バースティン／ジェラルディン・フィッツジェラルド／ラリー・ハグマン

第66周

『アニー・ホール』（第１周前出）

『マンハッタン』（第53周前出）

カバー絵・本文中イラスト　高松啓二
装　丁　野中深雪
編集協力　坂口英明

川本三郎（かわもと・さぶろう）

一九四四年、東京生まれ。東京大学法学部卒業。『週刊朝日』『朝日ジャーナル』の記者を経て、現在、評論家。『大正幻影』で九一年サントリー学芸賞、『荷風と東京』で九七年読売文学賞受賞。著書に『アカデミー賞』『林芙美子の昭和』（毎日出版文化賞、桑原武夫学芸賞受賞）、『白秋望景』（伊藤整文学賞受賞）、『「男はつらいよ」を旅する』『老いの荷風』『台湾、ローカル線、そして荷風』『「細雪」とその時代』など多数。

映画《えいが》のメリーゴーラウンド

二〇二一年四月十五日　第一刷発行

著者　川本三郎《かわもとさぶろう》

発行者　大川繁樹

発行所　株式会社　文藝春秋
〒一〇二‐八〇〇八
東京都千代田区紀尾井町三‐二三
電話　〇三‐三二六五‐一二一一

印刷所　光邦

製本所　大口製本

DTP制作　ローヤル企画

ISBN978-4-16-391357-5　Printed in Japan